Un ouvrage de « Facing History and Ourselves »

HISTOIRES D'IDENTITÉ

Religion, migration et appartenance à un monde en perpétuel changement

Postface de Carola Suárez-Orozco

FACING HISTORY AND OURSELVES

« Facing History and Ourselves » est un organisme international de formation éducative et pédagogique dont la mission est d'impliquer les élèves d'origines et de milieux différents dans l'examen du racisme, des préjugés et de l'antisémitisme afin de promouvoir le développement d'une forme de citoyenneté plus humaine et informée. En étudiant l'évolution historique de la Shoah et d'autres exemples de génocide, les élèves établissent le lien fondamental entre l'histoire et les choix moraux auxquels ils sont confrontés dans leur propre vie. Pour de plus amples renseignements sur « Facing History and Ourselves », consulter le site Web www.facinghistory.org.

Copyright © 2008, Facing History and Ourselves Foundation, Inc. Tous droits réservés.

Facing History and Ourselves® est une marque déposée auprès du bureau américain des brevets et marques.

Photo de couverture : © Patrick Lux/DPA/epa/Corbis

Pour recevoir des exemplaires supplémentaires de cet ouvrage, consulter le site www.facinghistory.org/publications.

ISBN-13: 978-0-9819543-3-2

FACING HISTORY AND OURSELVES

Siège de « Facing History and Ourselves »
16 Hurd Road
Brookline, MA 02445-6919
États-Unis

PRÉSENTATION DE « FACING HISTORY AND OURSELVES »

« Facing History and Ourselves » est un organisme éducatif à but non lucratif dont la mission est d'impliquer les élèves d'origines et de milieux différents dans l'examen du racisme, des préjugés et de l'antisémitisme afin de promouvoir le développement d'une forme de citoyenneté plus humaine et informée. Comme l'implique son nom, « Facing History and Ourselves » (Faire face à l'histoire et à nous-mêmes), l'organisme aide les enseignants et leurs élèves à établir le lien fondamental entre l'histoire et les choix moraux auxquels ils sont confrontés dans leur propre vie. Il leur offre un cadre de travail et un vocabulaire qui permettent l'analyse de la signification de la citoyenneté et des responsabilités qui lui sont inhérentes. Il leur apporte également les outils leur permettant de reconnaître le sectarisme et l'indifférence dans leur propre environnement. En examinant avec rigueur l'échec de la démocratie en Allemagne au cours des années 1920 et 1930 et les étapes qui ont conduit à la Shoah, ainsi que d'autres exemples de haine, de violence collective et de génocide au cours du siècle dernier, « Facing History and Ourselves » met à la disposition des éducateurs les outils dont ils ont besoin pour enseigner l'histoire et l'éthique et pour aider leurs élèves à combattre les préjugés avec la compassion, l'indifférence avec la participation, les mythes et la désinformation avec le savoir.

Convaincue qu'aucune classe ne peut exister dans l'isolement, l'équipe de « Facing History and Ourselves » offre des programmes et des documents à une large catégorie d'élèves, de parents, d'enseignants, de dirigeants civiques et à tous ceux qui jouent un rôle dans l'éducation des jeunes. Par le biais d'importants partenariats avec l'enseignement supérieur, « Facing History and Ourselves » touche et affecte également les enseignants avant qu'ils n'entrent dans leurs classes.

En étudiant les choix qui ont mené à des épisodes critiques de l'histoire, les élèves perçoivent comment les problèmes d'identité et d'appartenance, d'éthique et de jugement s'appliquent encore aujourd'hui et seront toujours d'actualité demain. Les ouvrages-ressources de « Facing History and Ourselves » offrent une structure de recherche méticuleuse sans être rigide et permettent d'examiner des événements et des idées complexes. Les éducateurs peuvent choisir les textes pertinents et s'appuyer sur d'autres ressources disponibles en ligne ou offertes par notre bibliothèque de prêts complète.

Notre ouvrage-ressource fondateur, *Facing History and Ourselves: Holocaust and Human Behavior* (Faire face à l'histoire et à nous-mêmes : l'Holocauste et le comportement humain) met en parallèle une séquence d'études partant de l'identité (identités individuelles d'abord, puis identités de groupe et identités nationales) avec leurs définitions d'appartenance. De là, le programme se penche sur l'échec de la démocratie en Allemagne et sur les étapes qui ont conduit à la Shoah (le cas le plus documenté d'indifférence, de déshumanisation, de haine, de racisme, d'antisémitisme et d'assassinats collectifs au vingtième siècle). Il passe ensuite à l'exploration de questions difficiles concernant le jugement, la mémoire et l'héritage laissé, et à la nécessité d'une participation responsable pour empêcher les injustices. « Facing History and Ourselves » revient ensuite sur le thème de la participation civique pour examiner les histoires d'individus, de groupes et de nations qui ont construit des communautés justes et inclusives et dont les histoires viennent illuminer le courage, la compassion, et le désir politique nécessaires pour protéger la démocratie et les générations à venir. D'autres exemples, où les dilemmes civiques remettent en question la démocratie, tels que le génocide arménien et le mouvement des droits civiques aux États-Unis, développent et approfondissent les liens entre l'histoire et les choix auxquels il nous faut faire face aujourd'hui et demain.

« Facing History and Ourselves » a des bureaux ou des centres de ressources aux États-Unis, au Canada et au Royaume-Uni ainsi que de grands partenariats au Rwanda, en Afrique du Sud et en Irlande du Nord. La portée de « Facing History and Ourselves » est internationale, avec des éducateurs formés dans plus de 80 pays et la distribution de nos ressources sur un site Web accessible dans le monde entier avec diffusion du contenu en ligne, un programme international de chargés d'études et un ensemble de partenariats avec des ONG. L'organisation de conférences qui rassemblent des intellectuels, des théologiens, des éducateurs et des journalistes, assure que les documents de « Facing History and Ourselves » sont constamment mis à jour, restent pertinents et répondent aux problèmes saillants de la citoyenneté internationale du vingt-et-unième siècle.

Depuis plus de 30 ans, « Facing History and Ourselves » a mis au défi les élèves et les éducateurs de mettre en parallèle les complexités du passé avec les problèmes moraux et éthiques d'aujourd'hui. Ce programme les pousse à explorer les valeurs démocratiques et à réfléchir à ce que signifie l'exercice de leurs droits et responsabilités au service d'un monde plus humain et solidaire. Ils prennent conscience que « ce sont les petits gestes qui ont de l'importance » : des décisions qui à première vue sont mineures peuvent avoir un impact majeur et changer le cours de l'histoire.

Pour de plus amples renseignements sur « Facing History and Ourselves », consulter le site Web : *www.facinghistory.org*.

Remerciements

Dès sa création, *Histoires d'identité* a été un effort commun. Le personnel, les enseignants, les intellectuels et les amis de « Facing History and Ourselves » ont apporté leurs idées sur l'étendue, les thèmes et les documents initiaux du projet. Nous sommes particulièrement reconnaissants à Mark Kingdon de nous avoir apporté son soutien et mis au défi de créer une ressource éducative qui aiderait « Facing History » à atteindre de nouveaux publics et à offrir des perspectives uniques sur les dilemmes civiques de notre époque. Adam Strom a dirigé ce projet et a rédigé une grande partie du texte avec l'aide de Jennifer Gray et de Dan Eshet. Jennifer, qui a également joué le rôle d'iconographe, est responsable des images évocatrices de l'ouvrage. Nicole Breaux, chef de projet, a su agencer la myriade d'éléments qui composent ce livre en un tout cohérent et convaincant. Josephine Roccuzzo a révisé les textes et Brown Publishing Network a assuré la mise en page. Francesca Tramboulakis a obtenu les autorisations nécessaires pour l'utilisation des documents protégés par droit d'auteur. Le leadership de Marc Skvirsky et de Margot Stern Strom a rendu ce projet possible ; ensemble ils ont apporté de nombreux enrichissements au texte. Marty Sleeper s'est plongée dans le document et nous a fait part de remarques et suggestions de rédaction très précieuses. Nous sommes également reconnaissants à Catherine O'Keefe et Robert Lavelle de leurs efforts enthousiastes qui ont transformé un premier jet rédigé dans Word en un ouvrage publié.

« Facing History and Ourselves » souhaite remercier Carola Suárez-Orozco pour sa contribution inestimable à cette collection. Son travail ainsi que celui de son mari, Marcelo, ont servi de sources d'inspiration à ce projet. Parmi tous ceux dont le soutien et la perspicacité méritent une reconnaissance particulière, nous souhaitons remercier Adrianne Billingham Bock, Alan Stoskopf, Amy Beckhusen, Anna Romer, Dennis Barr, Diane Moore, Dimitry Anselme, Doc Miller, Elisabeth Kanner, Jack Weinstein, Joy Lei, Juan Castellanos, Judy Wise, Karen Murphy, Steven Becton, Laura Tavares, Phyllis Goldstein, Riem Spielhaus, Zainab Al-Suwaij, Adam Brodsky et Jeremy Nesoff.

◇ ◇ ◇

Sommaire

Préface
Adam Strom, Directeur de recherche et développement,
« Facing History and Ourselves » 1

Cadres de travail
Texte 1 :   Les étrangers et nous - Comment se comprendre. 10
Texte 2 :   Trois paraboles pour l'intégration 15
Texte 3 :   Qu'est-ce qu'une nation ? 20
Texte 4 :   La fierté nationale. 26

Dilemmes de l'intégration
Texte 5 :   Identité dans la diaspora 32
Texte 6 :   Identités transculturelles 36
Texte 7 :   Les juifs en Europe 41
Texte 8 :   D'étrangers à musulmans. 47
Texte 9 :   La recherche d'une identité. 53
Texte 10 : Religion et identité nationale. 58
Texte 11 : Être croyant en Grande-Bretagne 65
Texte 12 : Des communautés qui évoluent 72
Texte 13 : Concilier la diversité. 77
Texte 14 : Aliénation 82

Identité et appartenance dans le contexte de la mondialisation
Texte 15 : Si l'on parlait de religion. 90
Texte 16 : Un nouveau concept d'identité. 95
Texte 17 : Plus qu'un foulard. 101
Texte 18 : À quoi ressemble l'intégration ? 108

Postface
Carola Suárez-Orozco, Co-directrice de Immigration Studies,
New York University 114

Glossaire 125

Préface

Adam Strom, Directeur de recherche et développement,
« Facing History and Ourselves »

> « *Alors que les nouvelles vagues d'immigration transforment le paysage des espaces publics, elles changent aussi nos perceptions du chez-soi et du Soi ; au bout du compte, chacune de ces histoires traite de l'impact de la mondialisation sur l'identité* ».

En dépit des cris de certains commentateurs, l'immigration n'est vraiment pas un phénomène nouveau. Bien avant la création des états-nations modernes, les peuples et les personnes migraient de lieu en lieu, se réinstallaient et créaient une nouvelle vie pour eux-mêmes. Pour les migrants, la réimplantation signifiait qu'il fallait trouver un moyen de s'adapter à la vie sur leur terre d'accueil. Pour la société d'accueil, la migration poussait souvent les limites de la tolérance et forçait les communautés à évaluer le niveau de différence qu'elles pouvaient tolérer et les droits éventuels qu'elles pouvaient accorder aux nouveaux arrivants. Les ouvrages publiés par « Facing History and Ourselves » tels que *Facing History and Ourselves: Holocaust and Human Behavior*, *Race and Membership in American History*, et *Becoming American: The Chinese Experience*, ont mis en exergue quelques-unes de ces histoires. Elles révèlent comment les mythes sur la pureté nationale et raciale ainsi que les stéréotypes et la peur, ont influencé les décisions prises par les sociétés d'accueil (individus, groupes, et nations) d'accepter ou non les immigrants dans un monde qu'elles jugeaient être le leur et les méthodes dont elles se sont servies pour y parvenir.

Depuis la fin du vingtième siècle, la convergence des migrations et de la mondialisation ont remodelé le débat public sur les différences. Ces dialogues déjà difficiles ont été compliqués par le terrorisme et par une résurgence de la violence ethnique. Alors qu'autrefois la langue ou la couleur de peau ou bien encore la foi partagée suffisait à définir une communauté, le temps est maintenant venu de trouver une nouvelle définition qui prenne en compte les différences et trouve un sens et un objectif communs dans des idéaux et des espoirs qui transcendent histoire et généalogie. Lorsque de nouvelles idées, coutumes et personnes pénètrent des communautés plus anciennes et plus traditionnelles, l'immigration soulève des dilemmes tant pour les migrants que pour les non-migrants. *Histoires d'identité : religion, migration et appartenance à un monde en perpétuel changement* met l'accent sur un échantillon

▲ Brick Lane dans l'East End de Londres

croisé d'individus et de sociétés et se sert de mémoires, d'article de presse, d'entretiens et d'autres sources importantes pour examiner les frontières culturelles changeantes et les défis de l'intégration. Alors que les nouvelles vagues d'immigration transforment le paysage des espaces publics, elles changent nos perceptions du chez-soi et de Soi ; au bout du compte, chacune de ces histoires traite de l'impact de la mondialisation sur l'identité.

Le sociologue Manuel Castells a confirmé le besoin moderne d'enquêter sur son Moi, et il explique : « Dans un monde aux mouvements internationaux de richesses, de pouvoir et d'images, la recherche de l'identité (qu'elle soit collective ou individuelle, attribuée ou construite) devient la source fondamentale du sens social ».[1] Quelques aperçus de ces « mouvements internationaux » ont mis en avant les questions d'identité et d'appartenance à l'origine de chacune des études de « Facing History and Ourselves » et aident à faire la lumière sur les défis auxquels sont confrontés les jeunes adultes. Comment les enseignants du monde peuvent-ils aider leurs élèves à faire face à la nouveauté, à l'inconnu et au complexe ? Comment les élèves apprendront-ils à prendre le point de vue d'un autre pour comprendre si le nouvel arrivant et l'ancré de longue date doivent compromettre leurs valeurs fondamentales ? Que peuvent faire les éducateurs pour promouvoir la tolérance, le respect et l'entente ?

Les textes de cette collection explorent les dilemmes de l'intégration dans l'environnement de la mondialisation. Au vingtième siècle, les débats sur l'intégration tournaient souvent autour de la race, de la nationalité ou de la classe sociale. Toutefois, la religion est devenue un marqueur identitaire de plus en plus important dans les discussions sur l'attachement et l'appartenance. Les identités religieuses ont un sens différent selon les personnes. Pour certaines, c'est une question de foi. Pour d'autres, les attachements religieux sont culturels. D'autres encore se définissent comme étant laïques ou sans attache religieuse.

De nombreux récits présentés dans ce livre impliquent des musulmans en Angleterre et en France et reflètent nombre d'histoires semblables dans toute l'Europe. Aujourd'hui, les musulmans représentent la minorité religieuse la plus importante et la plus visible d'Europe. Le sociologue Tariq

▲ De jeunes femmes turques se rassemblent devant un magasin dans le quartier à prédominance turque de Kreuzberg, à Berlin, en Allemagne.

Modood note « [qu']avec un nombre estimé de 15 millions de musulmans en Europe occidentale aujourd'hui, soit environ 4 % de la population totale, ce groupe est plus important que les populations cumulées de la Finlande, du Danemark et de l'Irlande. Pour cette raison au moins, les musulmans sont au cœur des mérites et démérites du multiculturalisme en tant que politique d'intérêt public en Europe occidentale ».[2] En fait, dans la plupart des pays d'Europe (le Royaume-Uni étant une importante exception), la plupart des personnes non blanches sont musulmanes et les luttes des musulmans peuvent être perçues comme autant de défis auxquels doivent faire face les autres minorités.[3] Dans les débats sur l'intégration des musulmans, nombreux sont les européens qui remettent en cause leur propre postulat sur le rôle de la religion dans la vie publique et sur sa relation historique avec l'identité nationale sur tout le continent. Olivier Roy, chercheur français spécialiste des religions, explique que « [l']Islam est un miroir dans lequel l'Occident projette sa propre crise identitaire ».[4]

Viennent s'ajouter à ces discussions sur les différences religieuses, les épineuses questions de réaction face au terrorisme et à l'extrémisme religieux, qui ont fait surface depuis les attaques à New York, Washington, Londres et Madrid.

Pourtant, parler des musulmans collectivement peut être trompeur car comme de nombreux autres « groupes », ils ne représentent pas une entité homogène et unique. Les disciples du Coran (tout comme ceux qui suivent la Bible ou la Torah) expriment leur identité différemment en tant qu'individus, familles et groupes religieux. Le désir de prospérité et de sécurité amène des familles d'origines aussi diverses que l'Inde et le Pakistan, l'Algérie et le Maroc, le golfe Persique et la Turquie, à s'installer dans un même pays, ce qui contribue à la complexité ambiante. L'idée qu'être musulman est un marqueur identitaire plus important que le pays d'origine ou que le statut de travailleur invité ou d'ancien sujet colonial, est un phénomène récent. Venant en antidote aux stéréotypes sur les musulmans que l'on trouve dans les médias, les textes de cette collection mettent l'accent sur la diversité de la communauté musulmane ainsi que sur les dilemmes communs auxquels sont confrontés ses membres dans le cadre de leur lutte quotidienne pour s'adapter à la vie en Occident. Leurs histoires individuelles nous permettent d'explorer les défis plus universels que présente l'intégration.

Bien qu'autrefois il était possible d'imaginer nos communautés comme étant distinctes et autonomes, les flux de population, d'idées, de biens et d'argent ne laissent aujourd'hui quasiment plus de doute sur le fait qu'aucune région du monde ne reste intouchée par les forces puissantes de la mondialisation. L'un des aspects les plus visibles de cette mondialisation est la migration (des zones rurales aux villes, d'une région ou d'un pays à un autre, ou d'un pays familier à un autre qui ne l'est pas du tout). En traversant les frontières, les individus emportent avec eux leur identité (leur culture, leur religion, et leurs valeurs). Comme les communautés dans lesquelles les migrants s'installent possèdent leur propre identité, chacune d'elles s'adapte aux nouveaux arrivants à sa manière. La relation entre les nouveaux arrivants et leur société d'accueil est façonnée par l'étendue de ce que l'anthropologue Benedict Anderson appelle les « communautés imaginées ». Il y a un siècle, les expériences communes renforcées par un gouvernement central fort faisaient de l'état une partie importante de l'identité de la personne. Aujourd'hui, les téléphones portables, les SMS, Internet, et la rapidité globale de l'échange d'informations encouragent les individus

"En fait, je préfère le terme artiquo-américain"

à imaginer différentes sortes de communautés qui ont peu de rapport avec des frontières locales ou nationales.

Amin Maalouf, l'auteur de Les identités meurtrières, a grandi au Liban et vit désormais en France. Il pense que la violence du monde provient en grande partie de la manière dont les individus négocient les problèmes d'identité.

> *« À l'ère de la mondialisation et des enchevêtrements toujours plus rapides des éléments dans lesquels nous sommes tous pris, un nouveau concept d'identité est nécessaire de toute urgence. Nous ne pouvons nous satisfaire d'obliger des milliards d'êtres humains perplexes à choisir entre revendication excessive de leur identité et perte complète de celle-ci, entre fondamentalisme et désintégration. »*[5]

En obligeant les gens à choisir entre une identité et une autre, entre être Français ou Libanais, Américain ou Coréen, on exacerbe les tensions et on élargit la division entre « nous » et « eux ». Amin Maalouf nous exhorte à reconnaître la multiplicité des identités qui nous composent, et il n'est pas le seul. Malgré la pression d'arborer une étiquette, nombreux sont les jeunes qui ont commencé à s'identifier comme étant mixtes, biculturels ou transnationaux.

Il y a une pénurie de réflexions écrites sur ce qu'est l'identité des membres de ce que nous pourrions appeler les « sociétés hôtes ». Lors d'un récent forum sur les musulmans en Occident, deux personnages politiques hollandais ont pris la parole. L'un d'eux, une musulmane dont la famille est originaire du Maroc, a commenté sur l'évolution de son identité après le 11 septembre. L'autre, un Hollandais, a eu du mal à décrire sa propre identité. Hollandais ? Oui, tout comme l'autre intervenante. Chrétien ? Et bien non : il n'est pas très religieux. Comment se désignerait-il ? Il répondit par une boutade : « Que pensez-vous de : un type blanc ? »[6] L'identité, nous rappela-t-il, est tout autant un problème pour les membres des sociétés d'accueil que pour les immigrants et leurs enfants. Malgré tout, les blancs, essentiellement chrétiens d'Europe comme lui, partageant la nationalité de leurs grands-parents, réfléchissent rarement à leur propre identité par écrit. Ces modestes réflexions sont noyées par le vacarme des médias anti-immigrants d'extrême droite ou des politiciens antimusulmans. Du Front national en France au Parti national britannique en Angleterre, en passant par le Parti de la liberté en Autriche, ces mouvements hostiles aux immigrants exercent une influence croissante sur le débat sur l'immigration en Europe. Préférant se concentrer sur les histoires de personnes ordinaires et non sur les aspects politiques, nous avons inclus un certain nombre de textes relatifs aux communautés qui ont équilibré leurs identités historiques avec les demandes du pluralisme.

Les textes de la première section de cet ouvrage, « Cadres de travail » proposent le vocabulaire et la terminologie pratique adoptés dans les documents qui suivent. Par le biais d'histoires et de pensées personnelles, les textes de cette section permettent de réfléchir aux réponses des individus face aux différences et apportent des outils de réflexion sur les modèles d'intégration. D'autres textes de cette section entraîneront des discussions sur la notion d'identités individuelles et nationales dans notre monde en perpétuel changement.

Le groupe de textes suivant, « Les dilemmes de l'intégration » met l'accent sur quelques histoires spécifiques qui mettent en exergue les défis sociaux auxquels sont confrontés les nouveaux arrivants et les sociétés d'accueil. Plusieurs de ces histoires révèlent les négociations délicates en ce qui concerne le rôle de la religion dans la vie personnelle et publique. Par exemple, le texte sur l'expérience de juifs en Grande-Bretagne apporte un point de comparaison historique pour les débats actuels. Jusqu'à récemment, les juifs représentaient la minorité religieuse la plus importante aux États-Unis et en Europe ; depuis des générations, leurs expériences ont défini les rencontres et la coexistence des minorités religieuses avec les chrétiens. De même, le texte de la section « D'étrangers à musulmans » fait écho aux dilemmes de l'intégration en explorant la création de l'identité musulmane dans l'Europe contemporaine. Tout en étant uniques, ces histoires nous rappellent que les identités de groupes sont dynamiques, qu'elles sont créées de l'intérieur et de l'extérieur. D'autres histoires de cette section reflètent les difficultés des migrants et des sociétés d'accueil qui négocient l'évolution de leurs communautés.

La dernière section, « Identité et appartenance dans le contexte de la mondialisation », propose de nouvelles méthodes de réflexions sur l'intégration. L'ouvrage se termine avec une postface de la psychologue culturelle Carola Suárez-Orozco qui résume son travail pionnier sur les migrations et le développement de l'identité et vient ajouter une nouvelle perspective aux histoires et textes de cette collection.

« Facing History and Ourselves » considère qu'en tant qu'institutions publiques, les écoles doivent encourager la continuité des dialogues sur la création de communautés pluralistes respectueuses. Dans l'une des histoires de cette collection, Eboo Patel, le fondateur d'Interfaith Youth Core, décrit son incapacité à répondre vigoureusement à l'antisémitisme qu'il rencontre. Il note que lorsque les mots nous manquent, il est très difficile de décrire une tradition. Cette incapacité-là entraîne la quasi-impossibilité de la défendre.[7] Trop souvent, la rumeur et la désinformation comblent le vide. Cet ouvrage apporte les ressources nécessaires pour lancer des dialogues constructifs. En tant qu'éducateurs préparant la prochaine génération à vivre dans un monde divers et de plus en plus petit, nous avons l'obligation de combler ce vide par des discours bien informés, réfléchis et concrets.

---

[1] Manuel Castells, *The Rise of the Network Society*, 2è éd. (Oxford: Blackwell, 2000), 3.

[2] Tariq Modood, *Multiculturalism: A Civic Idea* (Cambridge: Polity Press, 2007), 4.

[3] Idem

[4] Olivier Roy, *La laïcité face à l'Islam* (Stock, Paris 2005).

[5] Amin Maalouf, *Les identités meurtrières* (Grasset 1998), 44.

[6] « Muslim Identities, Western Identities: New Approaches and New Leaders for Conciliation » (conférence, The International Center for Conciliation, Cambridge (Massachussets), États-Unis, 22 octobre 2007).

[7] Eboo Patel, *Acts of Faith: The Story of an American Muslim, the Struggle for the Soul of a Generation* (Boston: Beacon Press, 2007), XVIII.

◇ ◇ ◇

Cadres de travail

◇ ◇ ◇

Les étrangers et nous - Comment se comprendre

« Nous sommes confrontés aujourd'hui à la même décision que nos ancêtres il y a des milliers d'années, son intensité n'a pas faibli, elle reste tout aussi fondamentale et catégorique qu'alors. Comment agir face à l'Autre ? »

▲ Dans une école de Grande-Bretagne, deux jeunes filles musulmanes se tiennent la main en entrant dans un festival religieux avec des Sikhs.

Le journaliste Ryszard Kapuscinski explique que la « rencontre avec l'Autre, avec d'autres personnes, a toujours été une expérience universelle et fondamentale pour notre espèce ». La question qu'il pose est la suivante : ces rencontres mènent-elles à la violence ou à la coopération, à la construction d'un pont ou à l'érection de murs ?

> Les archéologues nous révèlent que les premiers groupes humains se composaient de petites tribus familiales comptant 30 à 50 membres. Si une telle communauté avait été plus importante, elle aurait eu du mal à se déplacer rapidement et efficacement. Plus petite, il lui aurait été difficile de se défendre et d'assurer sa survie.
>
> Imaginons maintenant notre petite tribu familiale avançant tranquillement dans sa quête de nourriture lorsque soudain elle rencontre une autre tribu familiale. Quel moment capital dans

Ce texte contient des extraits de « *Encountering the Other: The Challenge for the 21st Century* » de Ryszard Kapuscinski et de *Scheherazade Goes West: Different Cultures, Different Harems* de Fatema Mernissi.

l'histoire du monde, quelle énorme découverte ! La découverte que d'autres personnes existent au monde. Jusqu'alors, les membres de ces groupes primitifs de 30 à 50 personnes de la même famille pouvaient vivre avec la conviction qu'ils connaissaient tous les êtres humains du monde. Et tout à coup, ce n'est plus le cas, d'autres êtres semblables, des êtres humains, habitent aussi le monde. Comment se comporter face à une telle révélation ? Que faire ? Quelles décisions prendre ?

Faut-il qu'ils se précipitent furieusement contre ces autres individus ? Qu'ils passent devant eux dédaigneusement et continuent leur route ? Ou plutôt qu'ils essaient de les connaître et de les comprendre ?

Nous sommes confrontés aujourd'hui à la même décision que nos ancêtres il y a des milliers d'années, son intensité n'a pas faibli, elle reste tout aussi fondamentale et catégorique qu'alors. Comment agir face à l'Autre ? Quelle attitude adopter envers lui ? Cela pourrait se terminer par un duel, un conflit ou une guerre. Toutes les archives contiennent des preuves de ce genre d'événements ; nombreux sont les champs de bataille et les ruines éparpillées dans le monde qui en témoignent.

Toutefois, la tribu familiale que nous observons pourrait également choisir de ne pas attaquer ni se battre mais de se barricader, de s'isoler et de se séparer des autres. Cette attitude mène, au fil du temps, à des constructions telles que la grande muraille de Chine, les tours et les portes de Babylone, les *limes* romains et les murs de pierres des Incas.

Heureusement, notre monde abonde également de preuves d'une expérience humaine différente. Ces preuves sont celles de coopérations : les traces de places de marchés, de ports, d'agora et de sanctuaires, les sièges d'anciennes universités et académies ; toutes encore visibles comme le sont les vestiges de routes de commerce telles que la route de la soie, la route de l'ambre et celle des caravanes trans-sahariennes.

Tous ces lieux étaient des lieux de rencontre pour échanger réflexions, idées et marchandises ; des lieux où l'on établissait des échanges et menait des affaires, où l'on concluait des pactes et des alliances et où l'on se découvrait des valeurs et des objectifs communs. L'Autre a cessé d'être synonyme d'étranger et d'hostilité, de danger et de menace mortelle. C'est alors que l'on a découvert en soi un fragment de l'Autre ; l'on y a cru et vécu en confiance. Les gens avaient donc trois décisions possibles face à l'Autre : la guerre, l'enfermement entre des murs, ou l'établissement d'un dialogue.[1]

La grande intellectuelle marocaine Fatema Mernissi se souvient d'un conseil de sa grand-mère Yasmina, qui estimait que chaque rencontre avec des étrangers constituait une opportunité d'apprendre. Internationalement reconnue pour son travail, Mernissi parcourt maintenant le monde et essaie de toujours se souvenir des réflexions de Yasmina.

▲ L'écrivaine Fatema Mernissi (à droite) rencontre le Prince Felipe d'Espagne.

Si par hasard vous me rencontriez à l'aéroport de Casablanca ou sur un navire en partance de Tanger, vous me croiriez confiante, mais ce n'est pas le cas. Même maintenant, à mon âge, j'ai peur lorsque je traverse les frontières car je crains de ne pas comprendre les étrangers. « Le voyage, c'est la meilleure façon d'apprendre et de te rendre forte », affirmait ma grand-mère Yasmina ; elle était analphabète et vivait dans un . . . foyer traditionnel dont les portes verrouillées ne pouvaient être ouvertes par les femmes. « Il faut centrer ton attention sur les étrangers que tu rencontres et essayer de les comprendre. Plus tu comprends un étranger, mieux tu te connais et plus de pouvoir tu as. . . »

. . . D'après la philosophie de Yasmina, qu'elle avait adoptée, je l'ai découvert plus tard, des soufis (les mystiques de l'islam), je devais transformer mon sentiment de choc envers les journalistes occidentaux [que je rencontrais] en autant d'opportunités d'apprendre d'eux. Cela m'a été très difficile au début et je me suis demandée si, en raison de mon âge, je perdais ma capacité d'adaptation aux nouvelles situations. L'idée d'être ankylosée, rigide et incapable de digérer l'inattendu me terrifiait. . .

Pour tirer les leçons des voyages, il est nécessaire de s'entraîner à capter les messages. « Tu dois cultiver l'*isti'dad*, l'état qui te permet d'être toujours prête », me murmurait souvent à l'oreille Yasmina sur un ton conspirateur, comme si elle voulait exclure tout ceux qu'elle jugeait indignes de la tradition soufiste. « Le plus gros bagage que porte l'étranger c'est sa différence. Et si tu te concentres sur les divergences et les différences, tu reçois des "éclairs". »[2]

Connexions

1. Si nous voulons mieux comprendre les autres, vaut-il mieux centrer notre attention sur les similitudes ou sur les différences ? D'après Kapuscinski, quelles sont les trois manières possibles de répondre à l'Autre ?

2. Comment avez-vous répondu à des individus ou à des groupes différents de vous ? Pourquoi ? Quels sont les facteurs qui influencent les décisions que l'on prend pour répondre aux différences ?

3. Kapuscinski écrit sur des temps où « [l]'Autre a cessé d'être synonyme d'étranger et d'hostilité, de danger et de menace mortelle » et où « l'on a découvert en soi un fragment de l'Autre ». Que veut-il dire lorsqu'il décrit la découverte d'un fragment de l'Autre en nous-mêmes ?

4. La grand-mère de Fatema Mernissi croyait que « Plus tu comprends un étranger... plus de pouvoir tu as ». Que voulait-elle dire ? Êtes-vous d'accord avec ce qu'elle dit ? Que peut-on apprendre de ceux qui ont grandi avec des religions, cultures et habitudes différentes des nôtres ? D'après vous, que sont les « éclairs » dont elle parle ?

◇ ◇ ◇

Extrait de *New Perspectives Quarterly* 22:4 (Automne 2005) avec autorisation de l'éditeur.

Extrait de *Scheherazade Goes West: Different Cultures, Different Harems*. Copyright © 2001, Washington Square Press.

---

[1] Ryszard Kapuscinski, « Encountering the Other: The Challenge for the 21st Century », *New Perspectives Quarterly,* vol. 22 n° 4 (Automne 2005) *http://www.digitalnpq.org/archive/2005_fall/02_kapuscinski.html* (consulté le 8 novembre 2007).

[2] Fatema Mernissi, *Scheherazade Goes West: Different Cultures, Different Harems* (New York: Washington Square Press, 2001), 1–4.

Trois paraboles pour l'intégration

> « Comment une société peut-elle intégrer les nouveaux arrivants ? Comment les nouveaux arrivants développent-ils un sens d'appartenance aux lieux dans lesquels ils sont arrivés ? »

D'après l'anthropologue Marcelo Suárez-Orozco « la mondialisation caractérise notre époque ». Il définit la mondialisation comme étant « le mouvement de personnes, de biens ou d'idées entre les pays et les régions ». Un élément essentiel de la mondialisation est l'impact de la migration, de la campagne à la ville et d'une nation à l'autre. En s'adressant aux éducateurs, Suárez-Orozco a expliqué que le monde entier compte 175 millions d'immigrants et de réfugiés. Ces nouveaux migrants changent la composition des villes qu'ils habitent. Suárez-Orozco se sert de statistiques pour illustrer ce point :

> Leicester, en Angleterre, est la première ville européenne dont la majorité n'est pas de race blanche. Francfort compte aujourd'hui environ 30 % d'immigrants ; Rotterdam 45 %. Amsterdam comptera en 2015 50 % d'immigrants. La Suède recense 1 million d'immigrants. La Chine seule compte plus de 150 millions d'immigrants internes. . . . Dans les écoles de la ville de New York, les enfants d'immigrants représentent la moitié de la population totale. . . et regroupent plus de 190 nationalités.[1]

Comment une société peut-elle intégrer les nouveaux arrivants ? Comment les nouveaux arrivants développent-ils un sens d'appartenance aux lieux dans lesquels ils sont arrivés ? Ce sont là les questions que se pose le grand rabbin du Commonwealth britannique, Jonathan Sacks, dans son livre *The Home We Build Together*. Sacks, un leader de la communauté juive et un conseiller des hommes et femmes politiques

Ce texte contient des extraits de *The Home We Build Together* de Jonathan Sacks.

Mireya Leal partage un déjeuner pique-nique avec son mari Raymundo Orozco de l'autre côté de la clôture frontalière entre les États-Unis et le Mexique. ▶

et des stratèges, propose trois paraboles différentes sur la relation entre les nouveaux arrivants et leurs sociétés d'accueil afin d'entraîner des discussions sur l'assimilation et l'intégration.

Dans la première parabole, une centaine d'étrangers errent dans la campagne à la recherche d'un endroit où s'installer. Ils arrivent enfin devant le portail d'une grande maison de campagne. Le propriétaire s'approche du portail, voit les étrangers et leur demande qui ils sont. Ils lui racontent leur histoire. Il leur sourit chaleureusement. « Comme je suis heureux de vous voir », leur dit-il « Comme vous le voyez, j'ai une très grande demeure. Bien trop grande pour moi, en fait. Elle compte des centaines de pièces vides. N'hésitez pas à rester ici aussi longtemps que vous le souhaitez. Je me réjouis d'avoir votre compagnie. À partir de maintenant, vous êtes mes invités. »

Une histoire charmante. Mais pas si charmante que ça à long terme pour les étrangers. Ils ont un endroit pour vivre, et oui, en effet, leur hôte est exactement comme il semblait l'être au début, accueillant et très hospitalier. . . Toutefois, une seule chose ne leur convient pas. Quelle que soit la générosité de leur hôte, il reste l'hôte et eux les invités. Les lieux appartiennent à quelqu'un d'autre. Il s'agit de *la société sous les traits d'une maison de campagne*.

Deuxième parabole : Une centaine d'étrangers à la recherche

16   Histoires d'identité : religion, migration et appartenance à un monde en perpétuel changement

d'une maison se retrouvent dans une grande ville. Ils y cherchent un hôtel. Celui qu'ils trouvent est grand, confortable et offre tout le nécessaire. Les étrangers ont suffisamment d'argent pour payer la note. Ils prennent leurs chambres, déballent leurs affaires et s'installent.

Les règles sont simples. Ils sont libres de faire ce qu'ils veulent tant qu'ils ne dérangent pas les autres occupants de l'hôtel. Leur relation avec l'hôtel est purement contractuelle. Ils paient en échange de certains services...

L'hôtel offre aux nouveaux arrivants une liberté et une égalité dont ils ne bénéficiaient pas dans la première parabole. Ils sont des occupants de l'hôtel, comme tout le monde. Il n'y a qu'un problème. Un hôtel est un lieu où l'on reste mais où l'on n'est pas chez soi. On n'éprouve aucune fidélité vis-à-vis d'un hôtel. On n'y attache pas ses racines. Cela ne devient pas une partie de son identité... Oui, au bout d'un moment on reconnaît les occupants des autres chambres. On leur souhaite le bonjour. On discute du temps et du foot. Mais cela reste un lieu où tous se retrouvent « exilés », au sens biblique. C'est alors *une société-hôtel*.

Troisième parabole : une centaine d'étrangers arrivent dans une ville. Le maire, les conseillers et les habitants viennent à leur rencontre. Le maire déclare : « Mes amis, nous vous souhaitons la bienvenue. Il est bon de vous avoir parmi nous. Malheureusement, comme vous pouvez le constater, il n'y a aucune maison pour vous accueillir. Nous pouvons, toutefois, vous offrir quelque chose.

Nous avons un terrain vide qui est suffisamment grand pour y accueillir des maisons pour vous tous. Nous avons des briques et des matériaux. Nous avons des experts qui peuvent vous aider à concevoir vos maisons et nous vous aiderons à les construire... Travaillons-y ensemble. »

> C'est ce qui arriva. Contrairement à la grande maison de campagne, les nouveaux arrivants doivent construire leurs propres résidences à long terme. Contrairement à l'hôtel, ils ne font pas que payer. Ils investissent leur énergie dans ce qu'ils construisent... Ils participent à la construction.

Sacks explique que ça ne sera pas toujours simple.

> Les nouveaux arrivants seront de temps en temps considérés comme étant étranges. Ils parlent, agissent et s'habillent différemment des habitants locaux. Mais ces longues sessions de collaboration ont leur effet. Les locaux savent que les nouveaux arrivants sont sérieux, motivés et dévoués. Ils ont leurs propres habitudes, c'est vrai, mais ils ont également appris celles des gens de la ville et ils ont élaboré... une amitié rudimentaire... En faisant quelque chose ensemble, ils ont fait tomber les murs de la suspicion et de la méprise... C'est une société qui représente *la maison que nous bâtissons ensemble*.[2]

Connexions

1. En quoi la migration a-t-elle changé votre communauté ? Que trouvez-vous dans les rues aujourd'hui qui n'y serait pas s'il n'y avait pas eu d'immigrants ?

2. Comment les nouveaux arrivants ont-ils appris à s'adapter à leur nouvelle communauté ? À quel point doivent-ils changer leur vie, leurs us et coutumes pour s'adapter ? Lors de sa visite en Allemagne en février 2008, le premier ministre turc Tayyip Erdogan a encouragé son public d'immigrants turcs à s'intégrer à la société allemande tout en insistant sur la nécessité de résister à l'assimilation. Il a proclamé que l'assimilation était « un crime contre l'humanité ». Que pensez-vous qu'il voulait dire par cela ? Quelle est la différence entre assimilation et intégration ?

3. Sacks offre trois paraboles à titre de métaphores de l'intégration. Quelle est la morale qu'il essaie d'enseigner ?

4. Avez-vous déjà été invité(e) chez quelqu'un ? Un hôte ou une hôtesse dans un hôtel ? Quelle est la différence ? En quoi ces modèles d'intégration représentent-ils la manière dont sont traités les immigrants dans votre communauté ? Quel modèle préférez-vous ? Pourquoi ?

5. Certains critiques ont suggéré que les trois modèles de Sacks ne reconnaissent pas les dangers du terrorisme et de l'idéologie extrémiste. Les attentats dans les métros de Londres et Madrid ont soulevé le débat que les nouveaux arrivants peuvent avoir des idées et des valeurs dangereuses pour la communauté et qu'ils ne peuvent pas être intégrés. D'après vous, comment répondrait Sacks à ces préoccupations ? Comment ces préoccupations devraient-elles influencer la manière dont les personnes pensent à la meilleure façon d'intégrer les nouveaux arrivants ? Que doivent faire les communautés si les migrants violent les lois de leur nouvelle communauté ?

6. Pourquoi pensez-vous que Sacks préconise la troisième parabole, *la maison que nous bâtissons ensemble* ? Quels sont à ses yeux les avantages de ce modèle ? Pourquoi Sacks pense-t-il que le troisième modèle « ne sera pas toujours simple » ? Êtes-vous d'accord ? Que peuvent faire les communautés d'accueil ou les nouveaux arrivants pour encourager l'intégration ?

◇ ◇ ◇

Extrait de *The Home We Build Together*, avec autorisation de l'auteur. Copyright © 2001, Grand rabbin Jonathan Sacks.

---

[1] Marcelo Suárez-Orozco, « What Do We Do with Difference in a Globalizing World? » (conférence, Facing History and Ourselves, Brookline (Massachussets), États-Unis, 11 août 2005).

[2] Jonathan Sacks, *The Home We Build Together* (New York: Continuum, 2008), 14–15.

Qu'est-ce qu'une nation ?

« La migration des personnes entre une nation et une autre remet en question des postulats bien ancrés sur la notion d'appartenance. »

Le dictionnaire Le Nouveau petit Robert définit la nation comme suit :

    a) Groupe d'hommes auxquels on suppose une origine commune…

    b) Groupe humain généralement assez vaste, qui se caractérise par la conscience de son unité (historique, sociale, culturelle) et la volonté de vivre en commun

    c) Groupe humain constituant une communauté politique établie sur un territoire défini ou un ensemble de territoires définis, et personnifiée par une autorité souveraine.

Dans son essai très important de 1882 « Qu'est-ce qu'une nation ? » le philosophe français Ernest Renan notait les liens qui retenaient les nations ensemble. Il expliquait, « un passé héroïque, de grands hommes, de la gloire […] , voilà le capital social sur lequel on assied une idée nationale… Une nation est… une solidarité à grande échelle, constituée par le sens des sacrifices qu'on a faits et de ceux qu'on est disposé à faire encore ».[1] D'autres ont insisté sur l'importance de la langue, l'ethnicité, ou même sur les idées pseudo-scientifiques de « race ». La migration des personnes entre une nation et une autre remet en question des postulats bien ancrés sur la notion d'appartenance.

De nombreuses nations reconnaissent officiellement l'appartenance des personnes en leur permettant de devenir citoyens. Dans certains pays, comme aux États-Unis et en France, toutes les personnes nées dans le pays acquièrent la citoyenneté et ce, quel que soit le pays d'origine de leurs parents. D'autres pays ont différents impératifs pour accorder la citoyenneté. Les Allemands définissaient traditionnellement leur nation en fonction de la race et de la généalogie. En d'autres termes, les citoyens

---

Ce texte contient des extraits de « Berlin Journal; Poking Fun, Artfully, at a Heady German Word » de Roger Cohen paru dans le *New York Times*.

allemands faisaient partie du *Volk*, une communauté qui liait le sang et la citoyenneté. L'idée du *Volk* allemand a été glorifiée de manière notoire par les nazis et utilisée pour justifier les persécutions et les meurtres contre les juifs, les gitans* (Sinti et Rom), et d'autres catégories de population. En 2004, toutefois, le parlement allemand a voté une loi autorisant la *naturalisation*. Celle-ci permet désormais aux enfants nés en Allemagne de parents immigrés de demander la citoyenneté allemande sur la base de leur domicile, de leur travail, et d'autres critères. À la suite de cette loi, une partie des 2,3 millions de résidents turcs

▲ Le Reichstag à Berlin. L'inscription indique « Dem Deutschen Volke » (« Au peuple allemand »).

d'Allemagne ont été naturalisés. L'espoir derrière la naturalisation des immigrants est de les rendre plus intégrés à la société. La naturalisation des immigrants changera-t-elle l'identité de la nation allemande ?

---

*À l'époque de la Shoah, les Allemands et les Européens non-rom utilisaient le terme de « gitans » pour désigner un groupe ethnique qui s'appelait lui-même Rom. Ainsi, afin d'éviter un anachronisme historique, nous utilisons dans le présent ouvrage le terme de « gitans » pour identifier les groupes de personnes visées par la ségrégation et l'annihilation aux mains des nazis. Depuis la Shoah, les qualités méprisantes de l'étiquette « gitan » ont été reconnues et « rom » est adopté comme étant le terme plus respectueux.
Pour de plus amples renseignements sur le peuple rom et son histoire, consulter les sites Web suivants : *www.romani.org*, *www.religioustolerance.org*.

Alors que les débats sur la loi de naturalisation allaient bon train en Allemagne, l'artiste Hans Haacke fut invité à présenter un projet pour le parlement allemand, le Reichstag. Faisant écho à l'inscription célèbre sur la façade du bâtiment, « Au peuple allemand », Haacke intitula son projet « À la population ». Cette idée devint très vite l'objet d'un vif débat sur la citoyenneté et l'identité nationale allemande.

Roger Cohen écrivit un article sur ces débats pour le *New York Times*.

> Sur la façade ouest du Reichstag se trouve une vieille inscription : « Dem Deutschen Volke » (« Au peuple allemand »). C'est assez clair. Mais ces mots sont chargés de sens et sèment la discorde comme l'ont révélé les vives protestations à l'encontre d'un projet artistique pour le bâtiment rénové du parlement.
>
> Le problème . . . est de savoir qui sont les allemands. Sont-ils toujours un « Volk » ? Le mot associé à l'identité par le sang, a été avili par Hitler et ses revendications de « Fuhrer, Volk und Vaterland [patrie] » et encore terni par l'envahissante « Volkspolizei » [les services secrets] de la dictature communiste d'Allemagne de l'Est.
>
> Ou, avec sept millions d'étrangers dans leurs rangs et autant de restaurants proposant des « Turkish doner kebab » que des brats, les Allemands sont-ils passés au-delà d'une appréciation « volkisch » de la nation-alité à une vue plus globale de l'âme allemande ?
>
> C'est là la question centrale posée par l'œuvre proposée par Hans Haacke, un artiste allemand vivant à New York. Dans la court nord du Reichstag, au dessus d'un bassin rempli de terre venue de toute l'Allemagne apparaîtraient les mots illuminés « Der Bevolkerung », « À la population ».

Les membres du parlement allemand déposent de la terre provenant de leurs communautés locales dans l'œuvre d'art très controversée de Hans Haacke « À la population ». ▷

... Le « Volk » est bien entendu composé de citoyens allemands. La « Bevolkerung » comprend 2,2 millions de turcs, plus de 800 000 personnes venant de l'ancienne Yougoslavie, plus de 600 000 italiens et bien d'autres encore qui vivent ici.

... La tempête de protestations reflète la sensibilité toujours extrême du problème d'identité allemande, et ce malgré le passage d'une loi, l'année dernière, facilitant l'obtention de la nationalité pour les immigrants et leurs enfants. La suggestion que l'Allemagne est une « terre d'immigration », une notion prouvée par les faits, continue d'engendrer un malaise et une colère très répandus.

... Peter Ramsauer et bon nombre de membres conservateurs du parlement... pensent « [qu']Il s'agit d'art politique, d'une provocation visant à portraitiser l'inscription sur la façade du Reichstag comme étant nationaliste ». « Mais le terme "Volk" est un mot tout à fait normal ; il est ridicule de penser qu'Hitler l'a terni à jamais. L'histoire de l'Allemagne est bien plus que ses 12 années de nazisme. »

Qu'est-ce qu'une nation ? **23**

. . . Lors d'un entretien par téléphone, Haacke a concédé qu'au fil des ans, le terme « Volk » avait eu des « significations positives ». Mais il argumenta également qu'il était maintenant chargé de connotations de mauvaises augures en raison des nazis et du leadership de l'Allemagne de l'Est. Selon l'artiste, ces mots puent le mythe, les tribus, la filiation, tout ce que l'Allemagne d'aujourd'hui devrait fuir.[2]

Connexions

1. Qu'est-ce qu'une nation ? Comment une nation obtient-elle son identité ? De son peuple ? De son passé ? De ses lois ? Des expériences qu'elle partage ? Comment les identités nationales changent-elles au fil du temps ? Dans quelle mesure les nations ont-elles une culture permanente ? Doivent-elle en avoir une ?

2. Comment Ernest Renan définit-il une nation ? Qu'est-ce qui d'après lui compose l'identité d'une nation ? Comparez ses idées aux vôtres et à celles de vos camarades de classe.

3. Lorsque les intellectuels discutent des nations et de l'identité nationale, nombreux sont ceux qui essaient d'identifier « l'agent cohésif social » qui sert de lien entre les différents groupes et peuples au sein d'une nation. Quelles idées et expériences servent d'agent cohésif social dans votre communauté ? Dans votre pays ?

4. Pourquoi pensez-vous que les gens perçoivent l'immigration comme un défi lancé à l'identité nationale ? Qu'est-ce que cela semble suggérer de la manière dont les gens perçoivent le concept de « nation » ?

5. Dans son projet pour le parlement allemand, le Reichstag, Haacke a transformé la célèbre expression « Au peuple allemand » (ou *Volk*) en « À la population ». Pourquoi pensez-vous que Hans Haacke jugeait qu'il était important de modifier l'expression ? En quoi sa reformulation change-t-elle le sens ? Qu'est-ce que cela semble suggérer de sa vision de l'avenir de l'Allemagne ?

6. Pour beaucoup, le terme *Volk* est associé au national-socialisme et à la Shoah. Comment les pays peuvent-ils signaler à leur population et au reste du monde qu'ils s'attachent à créer une identité et une culture nationales plus inclusives ?

7. Dans votre propre pays, à qui se réfère l'expression « le peuple de mon pays » ? Qui serait inclus sous « la population de mon pays » ou « le peuple qui vit dans mon pays » ? Y-a-t-il des différences entre ces interprétations ? Si c'est le cas, qu'est-ce qui est impliqué par chaque expression ? Pensez-vous que ces différences sont utiles ou problématiques ?

◇ ◇ ◇

Réimprimé avec l'autorisation de *The New York Times* (31 mars 2000). Copyright © 2000, The New York Times Company.

---

[1] Ernest Renan, « Qu'est-ce qu'une nation ? » tel que cité dans *Becoming National. A Reader* de Geoff Eley & Ronald Grigor Suny (New York: Oxford University Press, 1996), 52-4.

[2] Roger Cohen, « Berlin Journal; Poking Fun, Artfully, at a Heady German Word ». *The New York Times*, 31 mars 2000, *http://query.nytimes.com/gst/fullpage.html?res=9D0CE5D9123CF932A05750C0A9669C8B6 3&scp=3&sq=Roger+Cohen+Reichstag* (consulté le 9 janvier 2008).

La fierté nationale

> « Les communautés cohésives sont des lieux où "il y a un sens clairement défini et largement partagé des contributions apportées par différentes personnes et communautés à une vision de l'avenir pour un quartier, une ville, une région ou un pays". »

Nombreux sont les membres de communautés et les personnes politiques qui craignent qu'avec l'augmentation de l'immigration, les quartiers se transforment en « sociétés parallèles » divisées le long de lignes ethniques. Lors d'un entretien, Seyran Ates, une activiste pour les droits de la femme turco-allemande, explique son inquiétude face à l'évolution de l'Allemagne en « deux sociétés avec deux systèmes de valeur différents vivant côte-à-côte, mais séparées l'une de l'autre ».[1]

En réponse à un débat similaire en Grande-Bretagne, la Commission sur l'intégration a publié un rapport sur ce qu'elle appelle la « cohésion communautaire ». D'après le rapport, les communautés cohésives sont des lieux où « il y a un sens clairement défini et largement partagé des contributions apportées par différentes personnes et communautés à une vision de l'avenir pour un quartier, une ville, une région ou un pays ».[2]

De nombreuses personnes en Grande-Bretagne se sont attachées à célébrer une vision inclusive de l'identité britannique qui, elles l'espèrent, contribuera à la création de communautés plus cohésives. Ce problème est devenu plus important étant donné le débat très houleux sur l'immigration, la diversité et les réponses à donner à l'extrémisme religieux. L'ancien avocat général Lord Peter Goldsmith a présenté, dans le cadre de ce dialogue, en mars 2008, des propositions de plusieurs cérémonies, et notamment un serment d'allégeance, conçus pour invoquer la fierté d'une identité britannique commune qui reconnaît et accueille à bras ouverts la diversité. Ce projet souleva des inquiétudes sur le fait que de tels efforts allaient promouvoir le nationalisme et aliéner les personnes qui ne se définissent pas comme étant uniquement britanniques. L'extrait suivant a été tiré du *International Herald Tribune* et décrit la réponse reçue.

Ce texte contient des extraits du *International Herald Tribune*.

L'idée semble simple : établir une fierté britannique avec un nouveau serment d'allégeance, une nouvelle fête nationale et des cérémonies de citoyenneté pour les écoliers et les immigrants.

Mais le rapport commandé par le Premier ministre britannique Gordon Brown, qui appelle à [l']introduction d'un certain nombre de rituels patriotiques à l'image des États-Unis, soulève des questions épineuses pour un Royaume-Uni parfois grincheux.

▲ La Reine d'Angleterre Elizabeth II accueille des écoliers qui agitent des drapeaux de l'Union Jack à Aylesbury en Angleterre.

Pour commencer, les Galois, Écossais et Irlandais du Nord qui cherchent une plus grande indépendance sont-ils impatients de prêter un serment d'allégeance à un pays uni ? Et les républicains qui veulent mettre fin à la monarchie britannique sont-ils prêts à se dévouer corps et âme à la reine et au pays ?

. . . La réponse du public au projet de Goldsmith fut mitigée. Certaines personnes interrogées au centre de Londres l'accueillaient comme un moyen de montrer sa fierté nationale ; d'autres affirmaient qu'un serment n'aurait aucun impact.

Carla Jordan, une étudiante en troisième année de droit à l'université d'Exeter, pense que le projet aiderait les écoliers à comprendre ce qu'être britannique signifie. . . « Je suis vraiment pour que les gens aient une vision plus patriotique de leur pays », affirmait-elle. « Je pense que c'est très positif. Il y a peu de personnes qui comprennent ce que sont les valeurs britanniques ou ce qu'elles représentent et je pense que si on les enseignait aux enfants, ça aiderait tout le monde. »

En revanche, le responsable commercial Paul Hughes confiait que la mise en place d'un serment d'allégeance ne changerait en rien la lenteur de l'intégration des nouveaux groupes d'immigrants qui d'après lui est un problème sous-jacent auquel la Grande Bretagne doit faire face... « Les gens ne sont pas mauvais parce qu'ils n'aiment pas la reine ou ne lui prêtent pas serment », affirmait-il. « Mais il faut qu'ils travaillent dans le cadre de la loi anglaise et qu'ils soutiennent la structure des lois du Royaume-Uni et s'intègrent à la société. »

Phil Thomas, un administrateur système à Londres, doute que l'ajout d'un serment d'allégeance aurait un très grand impact... « Je pense que les gens se pensent eux-mêmes comme étant Anglais ou Galois ou Écossais ou Irlandais, » dit-il, « mais je ne crois pas qu'il y ait une grande identité nationale. »

Dans son rapport, Goldsmith déclarait qu'il n'essayait pas de mettre en place une politique sur le nombre d'immigrants devant être admis au Royaume-Uni, mais qu'il cherchait des moyens de donner aux nouveaux arrivants un sens d'appartenance plus profond à leur nouveau lieu de résidence.[3]

Connexions

1. Réfléchissez à la définition du gouvernement britannique de la « cohésion communautaire ». Pourquoi pensez-vous que le gouvernement britannique se préoccupe d'élaborer une vision ou une identité commune ? La cohésion communautaire doit-elle être un objectif ?

2. D'après vous à quoi ressemblerait une cohésion communautaire ? Quelles activités la soutiennent ? Quelles parties de cette définition pourriez-vous appliquer à votre communauté ? Que faut-il faire pour soutenir la cohésion dans votre communauté ?

3. Pourquoi pensez-vous que certaines personnes voient l'accent porté sur la britannicité comme un moyen important d'intégrer les nouveaux arrivants ? Pensez-vous que ces efforts facilitent ou gênent l'intégration ?

4. Quelle est la différence entre patriotisme et nationalisme ? Que pensez-vous du projet d'établissement d'un nouveau serment d'allégeance, d'une nouvelle fête nationale et de cérémonies de citoyenneté pour les écoliers et les immigrants ? Les serments, les jours fériés et l'éducation peuvent-ils renforcer une identité collective inclusive ? Quelles sont certaines manières de promouvoir le patriotisme sans aliéner les immigrants ?

5. Si vous deviez rédiger un serment d'allégeance pour votre communauté, que diriez-vous ? Si vous deviez créer une fête pour célébrer l'identité nationale, quel type d'activités et de rituels incluriez-vous ?

6. Que peuvent faire les dirigeants et les pouvoirs publics pour renforcer un sens commun d'appartenance ? Quand est-ce que l'attention portée aux différences brise un sens d'identité commune ?

◇ ◇ ◇

Réimprimé avec l'autorisation de l'Associated Press (11 mars 2008).

---

[1] Sylvia Poggioli, « In Europe, Muslim Women Face Multiple Issues », *NPR*, 20 janvier 2008, http://www.npr.org/templates/story/story.php?storyId=18234876 (consulté le 25 janvier 2008).

[2] Commission on Integration and Cohesion, « Our Shared Future », 14 juin 2007, http://www.integrationandcohesion.org.uk/upload/assets/www.integrationandcohesion.org.uk/our_shared_future.pdf (consulté le 6 novembre 2007).

[3] « New proposal for British pledge of allegiance and citizenship ceremony sparks opposition », *International Herald Tribune*, 11 mars 2008, http://www.iht.com/bin/printfriendly.php?id=10919750 (consulté le 11 mars 2008).

◇ ◇ ◇

Dilemmes de l'intégration

◇ ◇ ◇

Identité dans la diaspora

« Les histoires sont comme ces oignons [déshydratés], une expérience séchée. Elles ne représentent pas l'expérience originale mais elles sont plus que rien du tout. On pense à une histoire, on y réfléchit et elle se transforme. »

Il y a aujourd'hui un nombre croissant de personnes vivant hors de leurs terres ancestrales. De nombreux immigrants craignent que leurs enfants assimilent leur nouveau domicile et perdent leur lien avec leur identité culturelle. Comment apprend-on l'histoire et la culture de son groupe si ce groupe est éparpillé à travers le monde ? Les rituels, la mémoire et les histoires remplacent-ils une communauté physique ? Dans son autobiographie, *La fille du conteur*, Saira Shah se souvient des contes magiques que racontait son père alors qu'ils cuisinaient ensemble dans leur cuisine anglaise, enveloppés des parfums des épices afghanes qui s'élevaient des casseroles. Elle écrit :

> Mon père comprenait la valeur des histoires : c'était un écrivain. Mes parents avaient choisi le Kent comme lieu idéal pour élever leurs enfants, mais nous n'avons jamais eu la permission d'oublier nos origines afghanes.
>
> Régulièrement tout au long de mon enfance, mon père prenait d'assaut la cuisine. . .
>
> Pendant ces sessions culinaires, nous nous amusions à un jeu merveilleux. Nous planifiions le voyage familial en Afghanistan qui semblait toujours être sur le point d'avoir lieu. Nous imaginions comment nous allions retourner à Paghman, nous promener dans les jardins, rendre visite à notre ancienne maison et saluer les membres de la famille que nous n'avions jamais rencontrés. À notre arrivée dans les montagnes de

---

Ce texte contient des extraits du livre de Saira Shah, *The Storyteller's Daughter: One Woman's Return to Her Lost Homeland*.

▲ Pilau aux graines de grenade et aux pistaches

Paghman, les hommes tireraient des coups de feu en l'air mais il ne fallait pas nous inquiéter, c'était la coutume afghane de souhaiter la bienvenue et de faire la fête. Ils nous porteraient sur leurs épaules, en poussant des cris de joie et des hourras, et le soir, nous mangerions un *pilau** qui surpasserait les plus grands festins de la cour de nos ancêtres.

La famille de ma mère, des Parsi d'Inde, était rarement prise en compte. Pour mon père, sa progéniture était purement afghane. Pour nous, les enfants, la simple référence au Retour suffit pendant des années, à nous laisser proie à des accès incroyables d'enthousiasme. C'était tellement plus attrayant que notre vie ordinaire dans le Kent, qui tournait autour de notre vieille Land Rover rouillée et de notre labrador, Honey.

. . . Quand j'ai eu quinze ans, l'Union soviétique envahit et occupa l'Afghanistan. Peu de temps après, au cours d'une session de préparation du *pilau*, j'exprimais une certaine anxiété qui croissait en moi depuis un petit moment déjà. Comment mon père pouvait-il croire que nous étions vraiment afghans

---

* Le *Pilau* est un plat du Moyen-Orient, d'Asie Centrale et du Sud, souvent épicé avec du safran.

Identité dans la diaspora

alors que nous avions grandi hors de toute communauté afghane ? Lorsque nous allions rentrer chez nous, ne serions-nous pas, nous les enfants, des étrangers dans notre propre pays ? Je m'attendais (et l'espérais probablement) à entendre le conte de notre retour triomphant et imminent à Paghman. Il ne vint pas. Mon père avait l'air fatigué et triste. Sa réponse me surprit : « Je vous ai donné des histoires pour remplacer une communauté. Elles sont votre communauté. »

« Mais les histoires ne peuvent pas remplacer l'expérience. »

Il prit un paquet d'oignons déshydratés. « Les histoires sont comme ces oignons, une expérience séchée. Elles ne représentent pas l'expérience originale mais elles sont plus que rien du tout. On pense à une histoire, on y réfléchit et elle se transforme. » Il ajouta de l'eau chaude aux oignons. « Ce ne sont pas des oignons frais, une expérience fraîche, mais il s'agit de quelque chose qui peut vous aider à reconnaître l'expérience quand vous la rencontrerez. Les expériences suivent une certaine structure, qui se répète encore et encore. Dans notre tradition, les histoires peuvent vous aider à reconnaître la forme d'une expérience, pour lui donner un sens et savoir que faire. Tu vois, ce que tu prends pour de simples bribes de mythes et de légendes renferme ce que vous avez besoin de savoir pour vous guider où que vous soyez parmi les Afghans. »

« Et bien, dès que j'aurais dix-huit ans, je vais aller voir ça moi-même », affirmais-je en ajoutant avec ruse : « Alors peut-être que j'aurais une expérience fraîche qui m'aidera à grandir. »

Mon père s'était laissé emporter par la vague de son analogie. Il devenait soudain un parent dont la fille était à un âge où l'on est très impressionnable et dont le pays était en plein milieu d'une guerre meurtrière.

« Si tu grandissais un peu pour commencer, » répondit-il sèchement, « tu saurais que tu n'as pas du tout besoin d'y aller. »[1]

Connexions

1. *Diaspora* est un terme d'origine grecque signifiant « dispersion des graines ». Ce terme se réfère aujourd'hui aux personnes vivant hors de leurs terres ancestrales. Vous considérez-vous comme faisant partie d'une diaspora ? Si c'est le cas, en quoi cela définit-il la manière dont vous vous définissez vous-même ? Connaissez-vous d'autres personnes vivant dans une diaspora ?

2. Comment les personnes vivant dans une diaspora retiennent-elles leur identité ? À quels défis sont-elles confrontées ?

3. Pourquoi pensez-vous qu'il était important pour le père de Saira Shah que ses enfants se considèrent Afghans alors qu'il n'avait aucune intention de les emmener en Afghanistan ?

4. Le père de Saira Shah se sert de la métaphore des oignons déshydratés pour décrire l'importance des histoires dans la culture afghane. À quel point pense-t-il que les histoires peuvent créer une communauté ? Existent-ils des histoires qui sont importantes dans votre culture ? Que sont-elles censées apprendre aux membres de votre groupe ? Ont-elles une influence sur la manière dont vous vous percevez ?

5. Interrogez des membres de votre famille sur les histoires qui leur ont été transmises sur leur culture. Quelles valeurs et leçons ces histoires étaient-elles censées leur apprendre ?

◇ ◇ ◇

Réimprimé avec autorisation de *The Storyteller's Daughter: One Woman's Return to Her Lost Homeland.* Copyright © 2003, Random House, Inc.

---

[1] Saira Shah, *The Storyteller's Daughter: One Woman's Return to Her Lost Homeland* (New York: First Anchor Books, 2003), 5–7.

Identités transculturelles

« *Comme de nombreux enfants d'immigrants, je ressentais une pression énorme d'être deux choses à la fois, fidèle au vieux monde et complètement à l'aise dans le nouveau, recevant l'approbation des deux côtés du trait d'union.* »

La psychologue culturelle, Carola Suárez-Orozco écrit que pour les enfants, « la tâche de l'immigration. . . est de créer une identité transculturelle ». Elle explique : « ces jeunes doivent fusionner créativement différents aspects d'au moins deux cultures, la tradition parentale et la ou les nouvelles cultures. En ce faisant, ils synthétisent une identité qui ne leur demande pas de choisir entre les cultures mais qui incorpore des caractéristiques des deux cultures. »[1]

Comme de nombreux immigrants en Europe, l'écrivaine indo-américaine Jhumpa Lahiri a vécu l'essentiel de sa vie dans deux cultures. Il ne lui a pas toujours été facile de trouver l'équilibre de sa double identité. Malgré son riche héritage, elle a grandi sans jamais se sentir complètement Indienne, ni complètement Américaine. Ce n'est que plus tard dans sa vie qu'elle a réussi à accepter ses deux identités. Jhumpa Lahiri est à son tour devenue mère et elle espère transmettre ses deux identités à ses enfants. Elle explique :

> Je vis aux États-Unis depuis presque 37 ans et je prévois de vieillir dans ce pays. Ainsi, à l'exception de mes deux premières années passées à Londres, on m'a toujours qualifiée d'Indo-américaine. En revanche, ma relation avec le terme n'a pas eu la même constance. En grandissant dans l'État du Rhode Island dans les années 1970, je ne me sentais ni Indienne ni Américaine. Comme de nombreux enfants d'immigrants, je ressentais une pression énorme d'être deux choses à la fois, fidèle au vieux monde et complètement à l'aise dans le nouveau,

Ce texte contient des extraits de « My Two Lives » de Jhumpa Lahiri *Newsweek World News*.

recevant l'approbation des deux côtés du trait d'union. En y repensant, je vois que c'était généralement le cas. Mais la jeune fille que j'étais alors avait un sentiment d'échec de part et d'autre, faisant sans cesse la navette entre deux dimensions qui n'avaient rien à voir l'une avec l'autre.

▲ L'écrivaine Jhumpa Lahiri et sa famille

À la maison, je suivais les coutumes de mes parents, je parlais bengali et mangeais le riz et le *dal** avec les doigts. Ces faits ordinaires semblaient faire partie d'un secret, d'un mode de vie complètement étranger et je me donnais beaucoup de mal pour le cacher du regard de mes amis américains. Pour mes parents, la maison n'était pas l'endroit où nous habitions, au Rhode Island, mais Calcutta, où ils avaient été élevés. Je savais que tout ce pour quoi ils vivaient, les chants Nazrul qu'ils écoutaient sur le magnétophone, la famille qui leur manquait, les vêtements que ma mère portait et qu'on ne trouvait dans aucun magasin ou centre commercial, tout cela était à la fois précieux et sans valeur, telle une monnaie qui n'a plus cours.

J'entrais également dans un monde que mes parents connaissaient peu ou dont il n'avaient quasiment aucun contrôle : l'école, les livres, la musique, la télévision, tout ce qui s'infiltrait et qui est devenu un aspect fondamental de qui je suis. Je parlais anglais sans accent, je comprenais le langage d'une manière que mes parents n'ont toujours pas acquise.

---

* Le *Dal* est un terme indien désignant toutes sortes de haricots secs, pois cassés et lentilles.

Identités transculturelles

Et pourtant, de toute évidence, je n'étais pas complètement américaine. Outre mon nom et mon apparence qui criaient la différence, je n'allais pas au catéchisme, je ne savais pas faire du patin à glace et je disparaissais en Inde pendant plusieurs mois. Nombreux étaient mes amis qui arboraient fièrement le qualificatif d'Irlandais-américains ou d'Italo-américains. Mais plusieurs générations les séparaient du processus souvent humiliant de l'immigration, de telle sorte que les racines ethniques dont ils se vantaient avaient déjà disparu sous terre alors que les miennes étaient encore emmêlées et bien vertes. D'après mes parents, je n'étais pas Américaine et quoi que je fasse je ne le serai jamais. Je me sentais condamnée par leur déclaration, incomprise et de plus en plus rebelle. Malgré les premières leçons d'arithmétique, un plus un ne faisait pas deux mais zéro, mes Moi étaient en conflit et s'annulaient l'un l'autre.

… Alors que j'approche de la quarantaine, un plus un égal deux, dans mon travail comme dans mon quotidien. Les traditions de chaque côté du trait d'union restent en moi telles une fratrie, se disputant encore de temps en temps, l'une brillant plus que l'autre selon les jours. Mais comme dans une fratrie, elles se connaissent très bien l'une l'autre, se pardonnent et s'entremêlent. Pour notre mariage à Calcutta il y a cinq ans, mon mari et moi avons invité des amis qui n'étaient jamais allés en Inde, ils sont venus pleins d'enthousiasme pour un lieu dont j'avais évité de parler toute mon enfance, de crainte de ce que les gens pourraient dire. Avec mes amis non indiens, je ne me sens plus obligée de cacher le fait que je parle une autre langue. Même si je n'ai pas l'aisance nécessaire pour leur apprendre à le lire ou l'écrire, je parle bengali à mes enfants. Enfant, je cherchais la perfection et je me refusais le droit de revendiquer une identité. Adulte, j'accepte le fait qu'une éducation biculturelle est riche bien qu'imparfaite.

Bien que je sois Américaine de par le fait que j'ai été élevée dans ce pays, je suis Indienne grâce aux efforts de deux personnes. Je me sens Indienne non en raison du temps que j'ai passé en Inde ni de ma composition génétique mais bien en raison de la présence inébranlable de mes parents dans ma vie...

J'ai toujours pensé que je n'avais pas l'autorité qu'avaient mes parents pour être Indienne. Mais tant qu'ils vivent, ils me protègent et m'empêchent d'avoir le sentiment d'être un imposteur. Leur départ dans l'au-delà marquera non seulement la perte des personnes qui m'ont créée mais aussi la perte d'une manière de vivre particulière, d'une lutte singulière. Le voyage des immigrants, quelles qu'en soient les récompenses, est basé sur le départ et la privation, mais il assure pour la génération suivante un sens de l'accomplissement et d'avantage. Je vois déjà venir le jour où mon côté américain, auquel manquera le contrepoids que l'Inde a jusqu'à présent maintenu, commencera à prendre de l'ascendance et du poids. C'est dans la fiction que je continuerai à interpréter le terme « Indo-américaine », en calculant cette équation en perpétuel changement et quels que soient les résultats qu'elle apporte.[2]

Connexions

1. Que sous-entend Carola Suárez-Orozco lorsqu'elle dit que « la tâche de l'immigration... est de créer une identité transculturelle » ? Comment Jhumpa Lahiri a-t-elle pu faire « fusionner » les aspects de son identité indienne à son identité américaine ?

2. Jhumpa Lahiri écrit : « Comme de nombreux enfants d'immigrants, je ressentais une pression énorme d'être deux choses à la fois, fidèle

au vieux monde et complètement à l'aise dans le nouveau, recevant l'approbation des deux côtés du trait d'union ». Pourquoi ressent-elle la pression de choisir entre ses deux identités ? Faut-il choisir une identité ?

3. Jhumpa Lahiri parle des coutumes indiennes qu'elle respectait à la maison chez ses parents. Elle explique : « Ces faits ordinaires semblaient faire partie d'un secret, d'un mode de vie complètement étranger et je me donnais beaucoup de mal pour le cacher du regard de mes amis américains... D'après mes parents, je n'étais pas Américaine et quoi que je fasse je ne le serai jamais... un plus un ne faisait pas deux mais zéro, mes Moi étaient en conflit et s'annulaient l'un l'autre ». Que pensez-vous qu'elle veut dire ? D'après vous, pourquoi éprouvait-elle le besoin de cacher son identité ? Y-a-t-il des moments où vous cachez des aspects de qui vous êtes ?

4. Jhumpa Lahiri s'inquiète de ne pas avoir « l'autorité » d'être Indienne. Pourquoi ? Quelle autorité faut-il posséder pour appartenir à un groupe ? Qui détermine quelles sont les personnes qui appartiennent à un groupe et quelles sont celles qui n'en font pas partie ?

Le roman de Jhumpa Lahiri *The Namesake* raconte l'histoire d'une famille d'immigrants indiens aux États-Unis dans les années 1970. Le livre est devenu un film portant le même titre. Ses recueils de nouvelles *L'interprète des maladies* et *Unaccustomed Earth* portent sur les thèmes de l'immigration, de l'identité et de l'impact de ces expériences sur les familles.

◇ ◇ ◇

Extrait de *Newsweek* (mars 2006).

---

[1] Carola Suárez-Orozco, « Formulating Identity in a Globalized World », *Globalization: Culture and Education in the New Millennium*, ed. Marcelo Suárez-Orozco et Qin-Hilliard (Berkeley: University of California Press, 2004), 192.

[2] Jhumpa Lahiri, « My Two Lives », *Newsweek World News*, http://www.msnbc.msn.com/id/11569225/site/newsweek/ (consulté le 23 mai 2007).

Les juifs en Europe

> « [Pour les juifs,] [l]a lutte pour définir une identité à la fois britannique et juive fut longue. Mais il s'agit là de douleurs d'adaptation, non pas de souffrances permanentes. »

Jusqu'à récemment, les juifs constituaient la plus grande minorité religieuse non-chrétienne d'Europe. Comme d'autres minorités religieuses à l'heure actuelle, ils ont souvent eu à prouver leur loyauté envers leurs pays de résidence. Leurs luttes révèlent les profonds défis auxquels sont confrontées les minorités religieuses alors qu'elles s'appliquent à être acceptées tout en maintenant aussi leur identité. Bien que l'histoire juive d'Europe soit marquée de récits de réalisations personnelles, elle porte aussi les marques d'un passé long et brutal d'antisémitisme et de la Shoah.

Pendant la révolution française, la France fut la première nation d'Europe à offrir la citoyenneté aux juifs. Après la révolution, Napoléon, qui était alors l'empereur de France, réunit 71 rabbins et autres dirigeants juifs pour examiner les questions suivantes. Napoléon s'inquiétait du risque de manque de loyauté des juifs envers la République Française. Il demanda :

> Aux yeux des juifs, les Français sont-ils leurs frères ? Ou sont-ils des étrangers ? Les juifs nés en France et traités par la loi comme citoyens français regardent-ils la France comme leur patrie ?

Les juifs que Napoléon interrogeait répondirent :

> L'amour de la patrie dans le cœur des juifs est un sentiment si naturel, si puissant et si fidèle à leurs opinions religieuses

Ce texte contient des extraits du texte de Jonathan Sacks « Giving and Belonging: the lesson Jews can offer new immigrants », *Times Online*.

> qu'un juif français en Angleterre se trouverait en compagnie d'étrangers bien que peut-être parmi des juifs ; et de même pour les juifs anglais en France.
>
> Ce sentiment existe en eux à un tel degré qu'au cours de la dernière guerre, on a vu les juifs français se battre désespérément contre d'autres juifs, sujets d'autres pays alors en guerre contre la France.[1]

Napoléon répondit en rendant officiel le judaïsme en tant que religion en France au même titre que le catholicisme, le luthéranisme, et le calvinisme. Malgré des vagues d'antisémitisme et l'assassinat systématique de presque un quart de la population juive de France au cours de la Shoah, la France abrite aujourd'hui la population juive la plus importante d'Europe. La Grande-Bretagne accueille la deuxième plus grande communauté juive d'Europe. En 2005, les juifs ont fêté le 350ème anniversaire de vie juive en Grande-Bretagne. Bien qu'ils soient toujours confrontés à la discrimination, les juifs ne constituent plus la plus grande minorité religieuse de Grande-Bretagne. À l'heure actuelle, les nouveaux arrivants viennent d'Asie et d'Afrique : ils sont hindous, sikhs et musulmans. Écrivant dans le *Times* de Londres, le grand rabbin du Commonwealth britannique, Jonathan Sacks, examine l'histoire de l'immigration juive en Angleterre et ses implications pour les immigrants aujourd'hui.

> Les juifs sont venus ici demandant asile de vagues successives de persécution.

▲ Une réfugiée juive-allemande en Angleterre, 1938

42   Histoires d'identité : religion, migration et appartenance à un monde en perpétuel changement

Les premiers étaient les descendants des victimes des expulsions espagnoles et portugaises. Feu mon père est venu ici pour se réfugier de l'antisémitisme polonais. Certains sont venus par le Kindertransport, l'effort britannique organisé pour épargner les enfants juifs de l'Allemagne nazie. D'autres sont arrivés après avoir survécu à la Shoah.

Ce n'était pas toujours facile d'être juif en Grande-Bretagne. Il a fallu attendre 200 ans avant que les juifs ne puissent être acceptés à l'université ou élus au Parlement. Les immigrants juifs, pauvres, concentrés dans les ghettos, parlant à peine l'anglais, étaient caricaturés comme des éléments étrangers à la vie britannique. Les juifs qui se rappellent cette époque peuvent facilement compatir avec les hindous, les sikhs et les musulmans aujourd'hui.

En un temps incroyablement court, ils devinrent des participants à part entière de la société britannique. . . On trouve ici un message d'espoir pour d'autres minorités ethniques et religieuses. L'intégration et l'acceptation ne se font pas en un jour. Et, oui, il y a eu des conflits entre des parents immigrés et leurs enfants nés et éduqués en Grande-Bretagne. La lutte pour définir une identité à la fois britannique et juive fut longue. Mais il s'agit là de douleurs d'adaptation, non pas de souffrances permanentes. »

L'expérience juive défie les idées reçues au sujet des minorités. Les juifs n'ont pas recherché le multiculturalisme. Ils ont cherché à s'intégrer, à s'adapter et à appartenir. Les écoles juives se sont efforcées de faire des juifs des citoyens britanniques, faisant leurs la langue, la culture et l'histoire de la nation. Les sermons étaient pimentés de citations des écrivains britanniques Shakespeare, Milton et Wordsworth. . .

La Grande-Bretagne était différente alors... Elle jouissait de la certitude sereine d'une nation confiante en sa propre identité. Elle se souvenait... que pour que les minorités s'intègrent, elles ont besoin d'un élément d'intégration. Avec subtilité et une certaine élégance, la Grande-Bretagne rappelait aux juifs l'existence de règles, d'interdits et de comportements souhaitables. Je me souviens de Bertha Leverton, l'une des enfants sauvés d'Allemagne en 1939, racontant comment lors de son premier jour en Angleterre on lui apprit qu'il était poli de laisser de la nourriture intacte sur le bord de son assiette. Elle était affamée et traumatisée et pourtant le geste l'aida à se sentir chez elle. Elle apprécia le message caché : dorénavant, tu es des nôtres.

Pour la première fois de ma vie, les juifs ne se sentent pas à l'aise en Grande-Bretagne. Ils ont entendu des personnalités publiques railler grossièrement les juifs. Ils ont été témoins de l'évolution dénaturée et politisée du Holocaust Memorial Day (Journée de la mémoire de l'Holocauste et de la prévention des crimes contre l'humanité), dédié à toutes les victimes de l'inhumanité de l'homme envers l'homme. Dans toute l'Europe, des étudiants juifs sont harcelés, des synagogues vandalisées et des cimetières profanés. Ces événements sont importants non pas pour la menace qu'ils représentent pour les juifs mais parce que l'antisémitisme est toujours un signe avant-coureur d'une crise plus vaste.[2]

Connexions

1. Napoléon mettait en doute la possibilité d'être à la fois juif et français. Cette question est pertinente pour les minorités religieuses aujourd'hui. L'identité religieuse et l'identité nationale sont-elles nécessairement en conflit ? Peuvent-elles être complémentaires ?

2. Quel argument les dirigeants juifs cherchaient-ils à mettre en avant en réponse à la question de Napoléon ?

3. Y a-t-il des groupes qui ont été plus contraints que d'autres à prouver leur loyauté dans votre communauté ? Pourquoi pensez-vous que cela se produit ?

4. Pourquoi certaines personnes se demandent-elles s'il est possible de faire partie d'une minorité religieuse (et de ressentir une forte solidarité avec d'autres membres de cette religion de par le monde) tout en étant aussi citoyen d'une nation à part entière ? Ces deux identités sont-elles en conflit ?

5. Sacks partage ses réflexions sur l'expérience juive en Grande-Bretagne. Que souhaite-t-il que d'autres puissent apprendre de cette histoire ?

6. Sacks pense que « pour que les minorités s'intègrent, elles ont besoin d'un élément d'intégration ». Que veut-il dire ? Êtes-vous d'accord ? Quelle est la différence entre assimilation et intégration ?

7. Sacks décrit la manière dont Bertha Leverton fut accueillie dans la culture britannique. Comment les nouveaux arrivants sont-ils accueillis dans votre communauté ? Comment savent-ils qu'ils font dorénavant partie de la communauté ?

8. Qu'entend Sacks par « l'antisémitisme est toujours un signe avant-coureur d'une crise plus vaste » ? Les organismes de surveillance des droits de l'homme ont documenté une recrudescence de propos et d'activités antisémites en Europe ces dernières années.[3] Que pensez-vous que cela signifie pour les juifs et autres minorités d'Europe ? Comment les communautés peuvent-elles réagir face à l'antisémitisme ? D'après vous, comment l'antisémitisme touche-t-il l'identité juive ?

Comme toutes les communautés de diaspora, les juifs ont lutté pour maintenir leur identité et leur culture face aux préjugés et à la pression à se conformer aux attentes de la communauté. Toutefois, il n'y a pas une manière unique d'être juif, de même qu'il n'y a pas une manière unique d'être membre de la plupart des groupes. Pour explorer plus avant l'identité juive de la diaspora, voir le film *Les juifs américains*. Des copies de ce film sont disponibles dans la cinémathèque de « Facing History and Ourselves ». Pour de plus amples renseignements, consulter le site *www.facinghistory.org*.

◇ ◇ ◇

Réimprimé du *Times Online* (1er octobre 2005) avec autorisation de l'auteur. Copyright © 2005, Grand rabbin Jonathan Sacks.

---

[1] Assemblée des notables juifs, « Answers to Napoleon », *http://www.ucalgary.ca/~elsegal/363_Transp/Sanhedrin.html* (consulté le 25 janvier 2008).

[2] Jonathan Sacks, « Giving and Belonging: the lesson Jews can offer new immigrants », *Times Online*, 1er octobre 2005, *http://www.timesonline.co.uk/tol/comment/columnists/guest_contributors/article573244.ece* (consulté le 25 janvier 2008).

[3] Selon le Centre européen de surveillance du racisme et de la xénophobie, « L'antisémitisme est une certaine perception des juifs pouvant s'exprimer par de la haine à leur égard... Dans les affirmations antisémites, il est fréquent que les juifs soient accusés de conspiration contre l'humanité. Ce type d'accusation est souvent utilisé pour rendre responsables les juifs de « tout ce qui ne va pas ». L'antisémitisme peut être exprimé par des discours, des textes, sous forme visuelle et par des actions, et fait appel à des stéréotypes sinistres et à des traits de caractère négatifs ». L'Agence des droits fondamentaux de l'Union européenne, « Définition de travail de l'antisémitisme », *http://fra.europa.eu/fra/material/pub/AS/AS-WorkingDefinition-draft.pdf* (consulté le 19 septembre 2007).

D'étrangers à musulmans

> « Cette seconde génération ne se sent chez elle nulle part ailleurs qu'en Allemagne. Et pourtant, la société dans laquelle ils vivent les rejette grandement et les place dans le groupe musulman, qui est considéré comme étant une entité homogène. »

Il fut un temps où les juifs constituaient la minorité religieuse la plus visible d'Europe ; aujourd'hui, il s'agit des musulmans. Comme pour tout groupe religieux, les musulmans ne sont pas tous les mêmes. Les groupes sont créés et définis à la fois par leur membres et par la perception d'autrui. Ces attitudes, de l'intérieur et de l'extérieur, influencent à la fois l'identité du groupe et celles de ses membres individuels. Riem Spielhaus, spécialiste de l'Islam, étudie l'identité de groupe des musulmans en Allemagne. Elle examine la manière dont les personnages politiques, le grand public et la presse s'expriment au sujet des migrants en Allemagne. Elle écrit qu'au cours de ces discussions sur l'identité, les immigrants ou « étrangers » sont de plus en plus fréquemment désignés par le terme « musulmans ». Ceci influence non seulement la façon dont les non-musulmans perçoivent les immigrants de pays musulmans, mais aussi la manière dont les personnes d'origine musulmane se perçoivent elles-mêmes, indépendamment de leurs pratiques religieuses. Spielhaus estime que l'accent qui est mis sur l'identité religieuse des migrants et de leurs familles affecte l'intégration des musulmans dans la société allemande. Elle explique :

> Pendant des dizaines d'années, la religion des immigrants n'était pas un problème en Allemagne. En revanche aujourd'hui, le discours du pays sur les musulmans met souvent en avant leur identité religieuse ; ce qui a mené à l'émergence d'une communauté musulmane en Allemagne... sans qu'il n'y ait

Ce texte contient des extraits du texte de Riem Spielhaus « Religion and Identity: How Germany's foreigners have become Muslims », *Internationale Politik*.

▲ Journée Portes ouvertes à la mosquée Sehitlik de Berlin en Allemagne

reconnaissance de la diversité ethnique, religieuse et culturelle des musulmans.

Bien qu'un grand nombre de musulmans de pays divers vivent en Allemagne depuis les années 1970, ce n'est que dans les années 1990 que les appartenances et pratiques religieuses des migrants furent notées par les universitaires, les personnages politiques et le grand public. Jusqu'alors, la recherche sur les travailleurs migrants et les réfugiés vivant en Allemagne était centrée sur les conditions de vie, l'éducation, les souvenirs du pays d'origine et l'expérience de migration. L'appartenance religieuse n'était que rarement prise en compte. C'est seulement au cours des années 1990 que les premières études furent menées sur les organisations islamiques et la religiosité ; vingt ans après que les travailleurs migrants aient commencé d'établir des associations de mosquée et de pétitionner les gouvernements d'état et les autorités municipales sur des questions d'importance religieuse. Il a fallu plus longtemps encore pour que, dans le discours public, on reconnaisse les musulmans en tant que tels, plutôt qu'en tant qu'étrangers dont on attendait que le séjour en Allemagne soit simplement temporaire. De fait, un débat sur l'intégration ne vit le jour qu'après l'obtention d'un consensus sur le droit des migrants à demeurer en Allemagne de façon permanente et à devenir des membres à part entière de la société.

. . . Jusqu'alors, nombre d'Allemands pensaient que la majorité des immigrants retourneraient dans leur pays d'origine. C'était en effet aussi l'intention de grand nombre de familles de travailleurs migrants ; elles avaient investi leurs économies dans des maisons et appartements dans leur pays d'origine et rêvaient d'un éventuel retour. Ce n'est que peu à peu que ces familles se rendirent compte que pour leurs enfants, qui avaient grandi en Allemagne, il ne s'agissait pas là d'une option viable. Cette seconde génération ne se sent chez elle nulle part ailleurs qu'en Allemagne. Et pourtant, la société dans laquelle ils vivent les rejette pour l'essentiel et les place au sein du groupe musulman, qui est considéré comme étant une entité homogène.

. . . La prise de conscience croissante du public, que la culture islamique en Europe est vouée à perdurer, a amené un changement de perception : ces « étrangers » ne sont pas devenus Allemands mais sont désormais perçus comme « musulmans ». L'appartenance religieuse a donc gagné en importance dans le discours tenu. Toutefois, la véhémence de ce développement ne semble s'expliquer qu'au vu. . . des suites du 11 septembre 2001. Alors qu'avant 2000 [lorsque les lois de citoyenneté allemandes autorisaient les migrants à être naturalisés], les problèmes sociaux ayant trait aux migrants se discutaient en termes « d'étranger » ou de « Turc », les observations aujourd'hui mettent en exergue leur appartenance religieuse (qui n'est souvent que présumée). . . Ainsi, la religion

> devient le modèle qui explique à la fois le comportement social positif mais surtout le négatif. Ceci éclipse une réalité plus complexe : pour la plupart des musulmans, la religion n'est ni la seule ni la plus importante identité et elle n'est certainement pas la seule raison de leurs actions.[1]

Pour Spielhaus, l'un des obstacles auxquels sont confrontés les musulmans en Allemagne est le fait que

> les individus originaires de pays musulmans sont sans cesse confrontés à la question d'appartenance religieuse. Les innombrables demandes faites aux personnalités d'origine turque, arabe ou iranienne de prendre parti sur presque tout événement ayant trait à l'Islam en sont un exemple marquant. . . On prend tout simplement pour acquis que les individus d'origine musulmane sont musulmans, religieux et différents. . .

Spielhaus explique que jusqu'à récemment pour les migrants :

> . . . Les entraves nationales, ethniques et linguistiques. . . ont été plus fortes que le sentiment communautaire dans leurs organisations et vie quotidienne. Pour les musulmans de première génération, leur identité est fréquemment inséparable de leur nation d'origine. . . Mais l'unité croît lentement entre les Allemands convertis à l'Islam et les immigrants de seconde et troisième générations qui ont réinventé l'idée d'unité entre musulmans, l'umma, en Allemagne. . . malgré leurs différences ethniques et nationales. . .

> L'usage croissant de catégories antagonistes [en Allemagne] telles que « vous » et « nous », « notre culture » et « votre communauté » n'encourage pas l'intégration. . . La recherche d'une identité allemande et le processus d'intégration sont

freinés par des stéréotypes qui décrivent ce processus comme voué à l'échec ou comme ayant déjà échoué... Il ne suffit pas de simplement chercher les racines des problèmes dans l'Islam ni de demander aux organismes musulmans d'en prendre la responsabilité. Des stratégies diverses sont nécessaires pour assurer une intégration complète et ainsi garantir la participation au processus démocratique de tous les immigrants et de leurs enfants en général et des musulmans en particulier.[2]

Connexions

1. Comment la perception d'autrui façonne-t-elle la manière dont les groupes définissent leurs identités ? Comment l'identité de groupe façonne-t-elle l'identité des individus membres de ce groupe ? Comment Spielhaus met-elle ces idées en relation avec la création d'une identité musulmane en Allemagne ? Que peuvent faire les musulmans et les non-musulmans pour influencer la perception des musulmans en tant que groupe ?

2. Spielhaus explique que les perceptions de l'identité de groupe affectent l'intégration. Par exemple, elle note qu'après les changements de lois gouvernant la citoyenneté allemande, « ces "étrangers" [de pays principalement musulmans] ne sont pas devenus Allemands mais sont maintenant perçus comme "musulmans" ». Quelle différence existe-t-il entre ces dénominations ? En quoi reflètent-elles des idées différentes de l'identité ?

3. Qu'est-ce qui fait de quelqu'un un musulman ? S'agit-il de croyances religieuses, de pratique religieuses, d'environnement familial, de culture, ou d'autre chose encore ? Comment pensez-vous que la peur de l'extrémisme influence la réponse à cette question ?

4. Au sujet du traitement des musulmans au Royaume-Uni, le journaliste Gary Younge écrit que de nombreuses personnes peuvent

définir leur propre identité mais que ce qui se produit à l'heure actuelle en Occident oblige tous les musulmans à être définis par leur identité religieuse. Il explique :

> Nous avons un choix à faire quant aux identités à mettre en lumière... ; mais à des moments spécifiques, elles peuvent aussi nous choisir. En ce qui concerne l'identité musulmane en Occident, ce moment est maintenant...[3]

Pourquoi ceci se produit-il maintenant ? Dans quelles mesures ses observations sont-elles aussi pertinentes pour d'autres groupes ?

5. Comment les autres définissent-ils le ou les groupes auxquels vous appartenez ? Cela correspond-il à la manière dont vous percevez le groupe ?

◇ ◇ ◇

Réimprimé de *Internationale Politik* (printemps 2006) avec autorisation de l'éditeur.

---

[1] Riem Spielhaus, « Religion and Identity: How Germany's foreigners have become Muslims », *Internationale Politik* (printemps 2006), http://www.fulbright.de/fileadmin/files/togermany/information/2005-06/gss/TIP_0206_Spielhaus.pdf (consulté le 5 mars 2008).

[2] Idem

[3] Gary Younge, « We can choose our identity, but sometimes it also chooses us », the *Guardian*, 21 janvier 2005, http://www.guardian.co.uk/uk/2005/jan/21/islamandbritain.comment7 (consulté le 5 mars 2008).

La recherche d'une identité

« *Au cœur de la désillusion ressentie par nombre de mes amis était le fait de ne pas savoir comment ils s'inscrivaient dans la société britannique. Ce sentiment ne m'était pas étranger non plus. À 19 ans, je me suis sentie de plus en plus attirée par l'Islam. J'ai été frappée lors de ma visite au Pakistan par la confiance en soi de la population ; ils semblaient tous à l'aise dans leur peau, d'une manière dont mes amis et moi ne l'étions pas.* »

Yasmin Hai fait partie d'une génération de migrants qui a grandi en Angleterre. Comme bon nombre de ses pairs, ses parents pakistanais l'ont encouragée à s'assimiler. Toutefois, malgré ses efforts, elle sentait qu'elle ne pourrait jamais réellement trouver sa place dans la culture britannique. Dans l'extrait ci-dessous, Yasmin Hai parle de sa propre recherche d'identité ainsi que des différents choix faits par certains de ses amis. Certaines personnes de la génération de Hai, telles que son amie Nazia, ont été attirées par des communautés religieuses dans lesquelles elles ont pu trouver un sentiment nouveau d'appartenance et de mission. Mais parfois l'attrait que représentaient ces communautés religieuses

Une jeune fille musulmane mangeant de la barbe à papa dans les quartiers Est de Londres.

Ce texte contient des extraits de « Revenge of the young Muslims » de Yasmin Hai, *Times Online*.

venait de leurs vives critiques de la société dans son ensemble et du rejet de la culture et des valeurs britanniques. Comme nous le dit Hai :

> Lorsque mon amie Nazia a commencé son flirt avec l'Islam, je me suis sentie trahie. Au fil des ans, nous étions sorties en boîte ensemble et nous avions fait toutes sortes de bêtises. Maintenant, elle m'abandonnait.
>
> Cela ne me dérangeait pas qu'elle se soit mise à prier cinq fois par jour. . . Mais quand elle a commencé à dénigrer la culture occidentale, j'ai eu le sentiment qu'elle m'avait trahie, qu'elle se trahissait elle-même et toute notre communauté asiatique.
>
> J'avais grandi dans la banlieue de Wembley dans un quartier fortement asiatique. Mon père qui, en 1964, était venu en Grande-Bretagne du Pakistan en tant que réfugié politique était ambitieux pour sa famille. Il a encouragé mon petit frère, ma sœur et moi-même à adopter le mode de vie des Anglais.
>
> Il nous était, par exemple, interdit de parler à notre mère en Ourdou : elle pouvait nous parler dans notre langue maternelle mais nous devions répondre en Anglais. On ne nous encourageait pas non plus à pratiquer l'Islam. En fait, mon père m'acheta *Le livre de la prière commune* pour que je ne me sente pas exclue lors des rassemblements scolaires.
>
> La plupart de mes amis grandirent dans des foyers tout aussi ambigus culturellement. Et lorsque mon amie Nazia se mit à adopter la terminologie raciste, véhiculant le stéréotype que les blancs sont des alcooliques incultes qui ne savent pas s'occuper de leurs enfants, j'étais furieuse.
>
> Nous avions toutes les deux poursuivi des études universitaires mais alors que je m'épanouissais à Manchester et fréquentais avec entrain les boîtes de nuit, elle était troublée par les excès communs à la vie universitaire. C'est à cette époque qu'elle

a commencé à penser qu'elle ne pourrait jamais participer pleinement à la vie britannique. Après l'obtention de son diplôme, elle consentit à un mariage arrangé, c'était sa façon à elle de rétablir le lien à la communauté asiatique. Mais lorsque le mariage échoua, la communauté la mit au ban.

Ce rejet fut dévastateur. À ce moment là, elle commença à s'intéresser à la version plus politisée de l'Islam qui émergeait au début des années 1990.

Devenir une musulmane stricte était sa manière de prendre sa revanche sur la communauté qui l'avait abandonnée au moment où elle en avait le plus besoin.

Elle n'était pas la seule à prendre ce chemin parmi ceux que je connaissais. Pour tant de mes amis asiatiques, l'Islam radical n'était pas tant une question d'être anti-Occident qu'une manière de reconquérir une forme d'identité. Au début des années 1990, nombre d'entre eux fréquentaient les boîtes de nuit et consommaient à l'occasion de la drogue. La plupart cependant commencèrent finalement à souffrir d'une forme rampante de culpabilité culturelle.

Devenir musulman fervent était une manière de renaître, de repartir de zéro. On pouvait utiliser sa nouvelle identité pour se définir en opposition au mode de vie occidental, et en opposition à ses parents.

Comme nombre d'entre nous ne parlions pas notre langue maternelle et que souvent nous avions été dissuadés de parler de nos problèmes, nous n'avions jamais eu de dialogue sérieux avec nos parents. Cela affecta infiniment ma propre relation avec ma mère.

. . . Au cœur de la désillusion ressentie par nombre de mes amis était le fait de ne pas savoir comment ils s'inscrivaient dans la société britannique. Ce sentiment ne m'était pas étranger non plus. À 19 ans, je me suis sentie de plus en plus attirée par l'Islam. J'ai été frappée lors de ma visite au Pakistan par la confiance en soi de la population ; ils semblaient tous à l'aise dans leur peau, d'une manière dont mes amis et moi ne l'étions pas.

C'est ainsi que l'abîme qui existe désormais entre les générations asiatiques a créé une génération de jeunes gens vulnérables à la recherche d'une direction et d'un sentiment d'appartenance. Et cela les rend plus à même de se tourner vers une idéologie fondamentaliste qui professe avoir des réponses.

… Dans mon cas personnel, je me suis éventuellement rendue compte que je n'avais pas à forcer ma vie dans un récit imposé par les croyances populaires britanniques, ni musulmanes radicales. Il n'y avait rien de mal à être moi-même.[1]

Connexions

1. Quelles réflexions Hai offre-t-elle sur la recherche d'identité de sa génération ? Comment réconcilie-t-elle ses deux identités ?

2. Hai écrit : « Devenir musulman fervent était une manière de renaître, de repartir de zéro ». Pourquoi certaines jeunes femmes de la génération de Hai veulent-elle repartir de zéro ?

3. Hai affirme : « Devenir une musulmane stricte était [l]a manière [de Nazia] de prendre sa revanche sur la communauté qui l'avait abandonnée au moment où elle en avait le plus besoin ». Que veut-elle dire par cela ? Comment Hai explique-t-elle l'intérêt que porte son amie Nazia à la religion ? Pourquoi pense-t-elle que Nazia, et les autres comme elle, ont commencé à se retourner contre la société britannique ?

4. Hai décrit un fossé entre ses parents, des immigrants du Pakistan, et sa génération, ayant grandi en Angleterre. Pourquoi pensez-vous que Hai ressente un fossé entre les générations ? Y-a-t-il un fossé entre la génération de vos parents et la vôtre ? En quoi les expériences des immigrants et de leurs enfants peuvent-elles approfondir ce fossé ?

◇ ◇ ◇

Réimprimé avec l'autorisation du *Sunday Times* (6 avril 2008). Copyright © 2008, Times Online.

---

[1] Yasmin Hai, « Revenge of the young Muslims », *Times Online*, 6 avril 2008, http://www.timesonline.co.uk/tol/comment/columnists/guest_contributors/article3689767.ece (consulté le 30 mai 2008).

Religion et identité nationale

« Dans tous les pays démocratiques plus ou moins laïques. . . on se demande à quel point on peut laisser les sous-cultures religieuses vivre selon leurs propres règles et lois. »

La diversité religieuse remet au défi les vieux postulats sur les relations entre l'église et l'état. En février 2008, l'Archevêque de Canterbury, le Révérend Rowan Williams déclencha de vives protestations lorsqu'il suggéra que la loi britannique devrait considérer l'incorporation de certains éléments de la loi islamique pour encourager la cohésion sociale. Bon nombre des opposants à cette idée ont répondu que l'adaptation de la loi à la diversité renforcerait les différences entre les personnes. Un article dans le magazine d'actualité *Economist* a argumenté que la controverse exprimait une tension plus grande entre laïcité, diversité religieuse et identité nationale.

▲ Le Premier ministre britannique Gordon Brown (à gauche) et l'Archevêque de Canterbury, le Révérend Rowan Williams, répondant à la controverse sur la relation entre la Shari'a et la loi britannique

Ce texte contient des extraits de l'*Economist* et du *Guardian*.

Dans tous les pays démocratiques et plus ou moins laïques. . . on se demande à quel point on peut laisser les sous-cultures religieuses vivre selon leurs propres règles et lois. Un ensemble de questions apparaît lorsque les croyants [de n'importe quelle religion] exigent, et obtiennent souvent, une option de non-participation à la loi du pays. Les sikhs en Colombie britannique [une province du Canada] peuvent faire de la moto sans casque [sinon ils recouvriraient leur turbans] ; certains font campagne pour le droit de ne pas porter de casque sur les chantiers. Les musulmans et les juifs abattent les animaux d'une manière que d'autres pourraient considérer comme étant cruelle ; [certains] médecins et infirmiers catholiques refusent d'avoir quelque rapport que ce soit avec l'avortement ou l'euthanasie. . . D'après les pontes de la loi de plusieurs pays, ce qui a mis en branle le vieil équilibre est l'émergence dans le monde entier de minorités musulmanes qui aux yeux du reste de la société et quelles que soient leurs revendications, sont soupçonnées de préparer la mise en place d'un « état dans l'état ». . . Le mot même de *Shari'a*, qui au sens large peut impliquer une sorte d'idéal divin d'organisation de la société, mais peut également se référer à des formes spécifiques de châtiments corporels et de peine de mort, est maintenant synonyme de dynamite politique.

. . . Un véritable tumulte a vu le jour en 2003 lorsque Syed Mumtaz Ali, un avocat. . . retraité, a déclaré qu'il mettait en place une cour de *Shari'a* pour régler les disputes familiales des musulmans [dans la province canadienne de l'Ontario]. De telles dispositions avaient été autorisées en 1991 par la Loi sur l'arbitrage de la province et pouvaient avoir force de loi.

La proposition provoqua immédiatement un vif effet de ressac sur tout le spectre religieux et politique ; de nombreux groupes de musulmans y étaient également opposés. Marion

> Boyd, un avocat général à la retraite, a examiné la question et a recommandé en premier lieu que la Loi sur l'arbitrage continue à autoriser le règlement de disputes par des corps religieux, soumis à une réglementation plus stricte par l'état... En septembre 2005, le premier ministre de la province, Dalton McGuinty, a décidé d'interdire tous les règlements à l'amiable de questions familiales par des principes religieux s'inscrivant dans le cadre de la Loi sur l'arbitrage. Les arbitres religieux pourraient toujours offrir des services dans le règlement à l'amiable des disputes, mais leurs décisions n'auraient pas d'effet juridique ni de valeur exécutoire au tribunal. Les lois de la province ont été dûment modifiées.
>
> . . . Il était certainement plus facile de définir la relation entre religion et état lorsque l'on pouvait supposer que l'influence de la religion sur la vie et le comportement subissait un long déclin. Mais avec la montée de l'Islam et la protection plus défensive de leur héritage culturel par de nombreux chrétiens (même parmi ceux dont les croyances personnelles restent vagues), il devient de plus en plus difficile de faire la part des choses.[1]

Alors que de nombreux Européens sont fiers de leurs traditions laïques, de nombreux pays d'Europe ont des liens historiques entre la religion et l'identité nationale, en particulier l'Angleterre. Le magazine *Economist* explique :

> L'Angleterre a une église bien établie dont l'autorité est étroitement liée à celle de l'état depuis cinq siècles. Les pouvoirs de l'Église anglicane ont été réduits et des privilèges ont été accordés à d'autres religions. Pourtant, malgré le fait que 1,7 m[illion] de personnes à peine assistent au culte régulièrement, son statut particulier perdure. La reine est à sa tête, le parlement approuve son livre de prières et ce n'est que

▲ Regent Street à Londres à Noël

seulement l'année dernière que le premier ministre a renoncé au droit de sélectionner ses évêques, dont 25 siègent à la Chambre des lords.[2]

Dans le journal britannique *Guardian*, Elaine Glaser fait valoir que « si la Grande-Bretagne veut réellement intégrer toutes ses minorités religieuses, elle doit d'abord séparer l'église et l'état ». Elle s'appuie sur son expérience de juive à l'époque de Noël pour illustrer son argument.

En allant acheter un sandwich pour déjeuner, 10 minutes aller-retour maximum, je passe devant sept arbres de Noël, un poster vantant des services d'hymnes et de chants de Noël, des décorations à qui mieux-mieux sur les lampadaires et un agent immobilier avec des écrans d'ordinateurs tristement ornés de guirlandes de Noël.

Mon attention à ce genre de détails est accentuée par le fait que je suis juive et, bien que non pratiquante, je célèbre avec ma famille Hannoucah plutôt que Noël. Hannoucah cette année était le 4 décembre (la date change en fonction du calendrier lunaire) et peut-être en raison de cette date précoce, les célébrations ont été encore plus invisibles que d'habitude. En rentrant vite au bureau cet après-midi-là avec d'énormes sacs de course et du papier cadeau, mes collègues m'ont félicitée d'être si bien préparée à l'avance.

[Il y a]. . . de plus en plus de personnes qui se plaignent des écoles politiquement correctes qui mettent au ban les représentations théâtrales sur la nativité et autres traditions de Noël. Pourquoi faut-il que les non-chrétiens les contestent, [se demandent-ils] ; après tout « peut-on imaginer s'installer dans un pays musulman et contester les célébrations à la fin du Ramadan ? » Je doute fort qu'ils aimeraient traîner un arbre de Noël artificiel dans les rues de Téhéran ou d'Islamabad où on ne les comprendrait absolument pas. Mon ressentiment à l'époque de Noël est un signe que la Grande-Bretagne n'intègre pas correctement ses minorités religieuses. Une raison fondamentale de cet échec est notre refus à prendre en considération la séparation de l'église et de l'état.

J'entends souvent l'argument que. . . la Grande-Bretagne est seulement symboliquement chrétienne. Mais l'anglicanisme est ancré dans nos institutions politiques, juridiques et éducatives, et en ce qui concerne l'identité et l'appartenance, les symboles sont très importants.[3]

Un débat semblable s'est engagé sur le langage dans la constitution proposée pour l'Union européenne. Certains représentants religieux, en particulier le Pape Jean Paul II et le Pape Benoît XVI, ont demandé avec insistance que la constitution fasse une référence particulière à l'héritage chrétien d'Europe ; d'autres préviennent qu'une référence au christianisme pourrait diviser mais suggèrent d'intégrer une référence à Dieu. D'autres encore maintiennent que la constitution doit être complètement laïque sans aucune référence religieuse du tout.

Connexions

1. Les nations doivent-elles accorder des aménagements pour les différentes traditions religieuses et culturelles dans la loi ? Qu'y gagnerait-on ? Quels sont les dangers ? Comment expliquez-vous que des aménagements aient été accordés à certains groupes et pas à d'autres ?

2. Certains argumentent que l'intégration exige que les personnes abandonnent la liberté de culte pour s'adapter. Par exemple, il y a eu des débats dans le monde entier sur les limites de l'expression religieuse. Y a-t-il des moments où il est acceptable de limiter la liberté du culte ? Quels arguments pouvez-vous apporter en faveur de ces propositions ? Quels arguments pourrait-on fournir contre elles ? Dans quelle mesure est-il possible de prendre ces décisions sans favoriser une religion par rapport à d'autres ?

3. Que signifie la laïcité pour un pays ? Comment les nations laïques peuvent-elles accorder de la place aux différences religieuses ? Pensez à la manière dont Elizabeth Glaser dit qu'elle vit au quotidien la culture chrétienne de Grande-Bretagne. La laïcité s'en trouve-t-elle violée ? Pensez-vous qu'il est possible de créer une société réellement laïque ?

4. En quoi les éléments officiels de la religion (parrainés par le gouvernement) influencent-ils la vie dans votre communauté ? Quels sont les éléments non-officiels de la religion qui influencent la vie dans votre communauté ?

5. Qu'entend Glaser lorsqu'elle écrit : « en ce qui concerne l'identité et l'appartenance, les symboles sont très importants » ? Quels sont les symboles importants pour elle dans ce cas ?

6. Quels symboles religieux voyez-vous dans votre communauté ? Dans quelle mesure influencent-ils votre sentiment d'appartenance ? Contribuent-ils à vos sentiments d'appartenance ou vous sentez-vous différent(e) ?

7. En juillet 2008, une marocaine qui portait la burqa (un voile islamique recouvrant tout le corps) se vit refuser la citoyenneté française au motif « d'intégration insuffisante » en France. Selon la décision, « elle [avait] adopté une pratique radicale de la religion, incompatible avec les valeurs essentielles de la société française ». D'après le journal *Le Monde*, c'était la première fois que la pratique religieuse d'une personne était utilisée contre sa capacité à être intégrée en France.[4] Dans quelle mesure la pratique religieuse doit-elle être prise en compte dans une demande de citoyenneté ?

◇ ◇ ◇

Réimprimé avec l'autorisation de *l'Economist* (14 février 2008). Copyright © 2008, Economist Newspaper Group.

---

[1] « Defining the limits of exceptionalism », *Economist*, 14 février 2008, http://www.economist.com/world/international/displaystory.cfm?story_id=10696111 (consulté le 17 mars 2008).

[2] « Sever them », *Economist*, 14 février 2008, http://www.economist.com/opinion/displaystory.cfm?story_id=10689643 (consulté le 17 mars 2008).

[3] Elaine Glaser, « Anglican amendment », *Guardian*, 19 décembre 2007, http://www.guardian.co.uk/christmas2007/story/0,,2229490,00.html (consulté le 20 janvier 2008).

[4] Angelique Chrisafis, « France rejects Muslim woman over radical practice of Islam », *Guardian*, 12 juillet 2008, http://www.guardian.co.uk/world/2008/jul/12/france.islam (consulté le 15 juillet 2008).

Être croyant en Grande-Bretagne

« L'humanité daltonienne de la plupart de mes professeurs, leur force face à la tyrannie, ont été autant de leçons pour le reste de nos vies. »

Ed Husain, auteur de *The Islamist*, a grandi dans une famille d'immigrants de classe moyenne à Londres. Dans son autobiographie, il retrace son parcours de l'école primaire dans les quartiers multiculturels de l'East End à ses années d'étudiant extrémiste religieux. Après avoir renoncé à l'extrémisme, M. Husain est allé vivre au Moyen-Orient, où à sa grande surprise, il y a ressenti des liens avec la société britannique plus forts que jamais. Horrifié par l'attaque terroriste de Londres du 7 juillet 2005, Husain est rentré chez lui pour prévenir les autres des dangers de l'extrémisme religieux. Dans ce passage de son autobiographie, Husain se souvient de deux expériences fondamentales

▲ Un adolescent bengali britannique à Whitechapel dans l'est de Londres

Ce texte contient des extraits de *The Islamist* d'Ed Husain.

de son enfance et il évalue dans quelle mesure ces expériences ont façonné ses décisions.

> Être enfant en Grande-Bretagne dans les années 1980 n'était pas chose facile. Quand j'y repense, je crois que [ma maîtresse] Mlle Powlesland essayait de créer son propre petit monde de bonne volonté et de gentillesse pour les enfants dont elle s'occupait. Nous avons grandi sans prendre conscience que beaucoup d'entre nous étions différents, nous étions asiatiques. La chaleur des pêcheurs anglais d'Upnor n'existait pas dans les rues des quartiers Est de Londres.
>
> « Pakis ! Pakis ! Foutez le camp et rentrez chez vous ! » criaient les voyous. Le Front national [un parti nationaliste] était à son apogée dans les années 1980. Je vois encore un gang de petits truands tatoués au crâne rasé qui nous dominait, lançant des injures alors que nous allions à pied à la bibliothèque du coin rendre nos livres. Mlle Powlesland et les autres professeurs nous y amenaient au pas de course, nous tenant fermement les mains et vociférant après les fanatiques haineux.
>
> « Allez-vous-en ! Laissez-nous tranquilles », criaient-ils en réponse aux railleries des petits malfrats les accusant « d'aimer les Pakis ». Je n'avais aucune idée qu'un jour moi aussi je serais rempli de répugnance vis-à-vis des autres.
>
> L'humanité daltonienne de la plupart de mes professeurs, leur force face à la tyrannie, ont été autant de leçons pour le reste de nos vies. La Grande-Bretagne était notre chez-nous, nous étions les enfants de cette terre et aucune intimidation ne changerait ça, nous appartenions à ce lieu. Et pourtant, dans l'ombre, des forces se préparaient à voler les cœurs et les esprits des enfants musulmans de Grande-Bretagne.

J'étais l'aîné de quatre enfants : un jeune frère et des sœurs jumelles. Mon père était né en Inde britannique, ma mère à l'est du Pakistan [le Bangladesh aujourd'hui] et nous, les enfants, à Mile End. Mon père était encore un jeune homme à son arrivée en 1961 et c'est en tant que restaurateur à Chertsey dans le Surrey qu'il a fait ses débuts en Angleterre. Ethniquement parlant, je me considère Indien... Quelque part, dans la lignée de ma famille, figurent également des ancêtres arabes ; certains disent du Yémen et d'autres de l'Hedjaz, une bande de terre montagneuse le long de la côte de la mer Rouge en Arabie. Cet héritage mixte, Britannique de naissance, Asiatique par ascendance et musulman par conviction, serait à la source de ma déchirure plus tard.

Je me souviens que mon père avait l'habitude de nous acheter des pâtisseries chez un boulanger juif de Brick Lane. Notre école coranique avait hérité de mezouzahs sur les montants de portes, que nos professeurs musulmans nous interdisaient d'enlever par respect pour le judaïsme. Mon anniversaire, un événement familial chez nous, tombe le jour de Noël. Tous les ans, ma mère nous amenait voir le Père-Noël après [la] fête de Noël de l'école. Nous faisions un bonhomme de neige dans notre jardin et lui prêtions l'écharpe de ma mère. De l'autre côté de la terrasse de notre maison victorienne de 3 étages de Limehouse, l'église catholique Our Lady Immaculate était juxtaposée à un couvent. Nous nous entendions bien avec les Sœurs ; nous garions notre voiture à côté du couvent tous les soirs. Nous aidions au vide-grenier annuel organisé par l'église. Il n'y avait jamais de question de tension religieuse, pas d'animosité entre les personnes de foi différente. Ma mère parle encore avec tendresse de ses propres amis d'enfance dont beaucoup était hindous. Mais pendant que je grandissais, tout cela a changé. Le monde de tolérance de mon enfance a été arraché...

C'était une règle de l'école que chaque trimestre nous étions divisés en groupes de six pour le déjeuner ; nous mangions ensemble et mettions la table selon un système de liste. Un jour, j'ai oublié que c'était à mon tour de mettre le couvert. M. Coppin, un moustachu aux yeux bleus, est arrivé dans la cantine et m'a attrapé par le bras. Il m'a pris de côté, s'est baissé à ma hauteur et a hurlé, « Pourquoi n'as-tu pas mis le couvert ? »

« J'ai oublié, M. Coppin », ai-je répondu en pleurnichant.

« Tu as oublié ? Comment oses-tu oublier ? », cria-t-il, les mains sur les genoux. « Ça ne va pas se passer comme ça, jeune homme ! Tu comprends ? »

« Oui, M. Coppin », lui dis-je.

Puis il a dit quelque chose que je n'ai jamais oublié. À moi, un enfant de neuf ans, il demanda, « Où est ton Allah maintenant, hein ? Où est-il ? Il ne peut donc pas t'aider ? »

De quoi parlait-il ? Je ne le savais pas. Que venait faire Allah dans tout ça ? De plus, je ne savais pas exactement qui était Allah. Je savais qu'Allah avait quelque chose à voir avec l'Islam, mais je me demandais aussi si l'Islam et Aslan dans *Le Lion, la sorcière blanche et l'armoire magique* avaient un rapport quelconque entre eux. Après l'emportement de M Coppin, je pensais qu'il valait mieux ne pas poser la question.

Quelques mois avant que je ne quitte l'école Sir William Burrough, j'eus un accident dans la cour de récréation. Je tombai de vélo et m'ouvris le menton. Immédiatement, Cherie, une maîtresse qui avait affiché fièrement dans sa classe une photo d'elle-même à côté d'une effigie en cire de Margaret Thatcher chez Madame Tussaud, se précipita pour m'aider. Elle me conduisit à l'hôpital et me tint la main pendant tout le supplice des points de suture et des soins. En sortant de l'hôpital, elle me demanda si je voulais un tour sur le dos. Pensant qu'il s'agissait de friandise, j'acceptai avec joie.

C'est alors, qu'à mon grand étonnement, elle se mit à quatre pattes et me dit de grimper. Je me souviens encore comment elle a remis en place les bretelles de sa salopette et a remonté ses lunettes avant de partir au galop avec moi sur le dos, un garçonnet asiatique de onze ans avec un énorme pansement sur le menton, aggrippé de toutes ses forces de peur de tomber. Cherie me conduisit à la maison et me couvrit d'affection et de soins les jours suivants.

Cette expérience avec Cherie, une enseignante blanche, non musulmane et l'engagement de Mlle Powlesland et de son personnel envers moi et les autres élèves de Sir William Burrough sont restés gravés dans ma mémoire. Ils m'ont aidé à former une certaine croyance en la Grande-Bretagne, une appréciation silencieuse de ses valeurs de justice et d'égalité. Il me fallut encore plus de dix ans pour comprendre ce qui motivait Mlle Powlesland et Cherie. J'ai eu une chance énorme d'avoir des enseignants aussi merveilleux dans mon enfance. Car plus tard dans ma vie, alors que je doutais de mon affinité avec la Grande-Bretagne, ces souvenirs ont ressurgi dans ma mémoire.[1]

Connexions

Diagramme identitaire

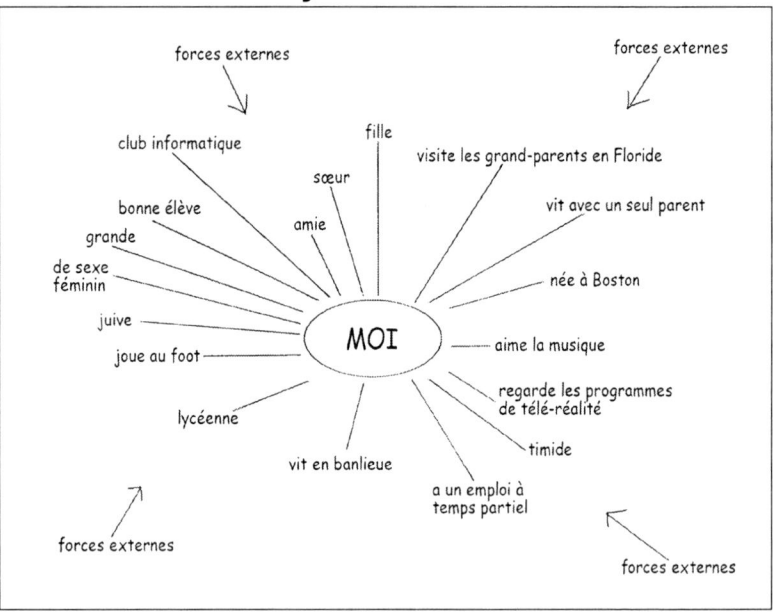

```
                    forces externes                          forces externes
                          ↓                                         ↙
        club informatique          fille
                                                    visite les grand-parents en Floride
              bonne élève     sœur
                                                         vit avec un seul parent
        grande              amie
        de sexe
        féminin                                          née à Boston
           juive
                              ┌─────┐
           joue au foot───────│ MOI │──────── aime la musique
                              └─────┘
                                                   regarde les programmes
               lycéenne                            de télé-réalité
                         vit en banlieue
                                                      timide
                                      a un emploi à
                                      temps partiel
              ↗                                              ↖
        forces externes                                forces externes
```

1. En adoptant ce modèle, créez deux diagrammes identitaires pour ce texte, l'un avant les railleries de l'enseignant à l'égard d'Husain et l'autre après le secours d'Husain par l'autre enseignante. Qu'a-t-il appris de ces expériences ? En quoi ont-elle formé son identité ?

2. Avez-vous vécu une expérience à l'école qui a influencé la manière dont vous vous percevez et dont vous percevez votre relation à la communauté ? De quoi s'agissait-il ?

3. Que peut-on apprendre sur l'intégration des histoires comme celles qu'Husain partage dans *The Islamist* ?

4. Le défenseur des droits de la personne Arn Chorn Pond a émigré aux États-Unis en tant que réfugié et survivant du génocide cambodgien. Il fut amené dans une école rurale à laquelle il eut du mal à s'adapter.

Ses expériences ont transformé sa communauté. Une copie d'un court-métrage sur les expériences de Pond intitulé *Everyone Has a Story* est disponible dans la cinémathèque de « Facing History and Ourselves ». Le texte de son histoire est également disponible sur le site *www.choosingtoparticipate.org*.

◇ ◇ ◇

Réimprimé de *The Islamist* d'Ed Husain, Penguin Books, 2007. Copyright © Ed Husain, 2007.

---

[1] Ed Husain, *The Islamist: Why I Joined Radical Islam in Britain, What I Saw Inside and Why I Left* (London: Penguin Books, 2007), 1–5.

Des communautés qui évoluent

« "Nous essayons d'obtenir un lieu de culte depuis 30 ans", explique Sheraz Arshard, 31 ans, le leader musulman ici... Cela tombe bien que ce soit une église : c'est visuellement symbolique, le rassemblement des religions". »

Les nouveaux arrivants apportent avec eux des idées, des coutumes et des traditions que leurs communautés d'accueil peuvent ne pas connaître. L'une de ces institutions les plus visibles est un lieu de culte, où de nombreux immigrants se rassemblent pour conserver leur notion d'identité et transmettre leur culture à la génération suivante. Certains résidents de longue date soutiennent que de tels changements brisent le sentiment de communauté. Riem Spielhaus, une experte de l'Islam en Europe de l'université Humboldt de Berlin, explique que la construction de mosquées en Europe est sujette à controverse parce que les lieux de culte détiennent une valeur symbolique puissante. Elle explique, « La création d'une nouvelle mosquée retrace symboliquement les changements opérés sur la société. » Les nouveaux lieux de culte servent de rappels publics que les nouveaux arrivants ont l'intention de rester.

Sheraz Arshad devant l'ancienne église méthodiste Mount Zion, qui va devenir une mosquée. M. Arshad s'est battu pendant des années pour que la ville de Clitheroe accepte un lieu de culte musulman. ▶

Ce texte contient des extraits de « Old Church Becomes Mosque in Uneasy Britain » de Jane Perlez paru dans le *New York Times*.

Historiquement, les congrégations religieuses ont souvent réutilisé des bâtiments qui abritaient autrefois les fidèles d'une foi différente ; toutefois cela se produit maintenant de plus en plus souvent et dans des communautés qui le vivent pour la première fois.* Une des villes découvrant cette transition est Clitheroe en Angleterre.

> Par une froide nuit d'hiver, cette ville charmante de la campagne encore sauvage de Grande-Bretagne a voté pour autoriser une église chrétienne à devenir une mosquée.
>
> Le résultat serré obtenu par les autorités municipales a marqué la fin d'une lutte amère menée par la petite population musulmane pour établir un lieu de culte. Une lutte qui placera une mosquée dans une imposante église méthodiste convertie en usine depuis la chute du nombre de ses ouailles il y a 40 ans.
>
> Cette lutte mit en avant le malaise de la Grande-Bretagne face à sa minorité musulmane. . . dont la dévotion vient défier le sentiment de plus en plus laïc que le pays a de lui-même.
>
> La Grande-Bretagne peut continuer à se percevoir comme une nation chrétienne. Mais d'après une récente enquête menée par le Christian Research, un groupe qui se spécialise dans la documentation du statut de la chrétienté en Grande-Bretagne, le nombre de musulmans pratiquants va probablement dépasser celui des chrétiens allant à la messe en quelques dizaines d'années.

---

* Ce n'est pas un nouveau phénomène. Par exemple, la cathédrale de Cordoue en Espagne, était une mosquée médiévale jusqu'à la reconquête catholique de l'Espagne. Dans certaines villes des États-Unis, des bâtiments construits au début du 20e siècle comme des synagogues pour les immigrants juifs ont été convertis en églises chrétiennes.

... À Clitheroe, la prise de bec opposait un jeune professionnel d'origine pakistanaise contre les nerfs à vif de résidents locaux attachés aux traditions.

« Nous essayons d'obtenir un lieu de culte depuis 30 ans », explique Sheraz Arshard, 31 ans, le leader musulman ici, sa voix vibrant dans la vieille église méthodiste Mount Zion vide qui abritera sa mosquée. « Cela tombe bien que ce soit une église : c'est visuellement symbolique, le rassemblement des religions ». Avec une population de 14 500 habitants, un château normand et une église anglicane établie en 1122, Clitheroe est cachée dans le comté du Lancashire au nord. Les gens ici aimaient s'imaginer comme le dernier bastion contre les mosquées qui avaient poussé dans les villes industrielles avoisinantes. Mais c'était sans compter sur la détermination de M. Arshad, un chef de projet chez British Aerospace, fils, né en Angleterre, de Mohamed Arshad arrivé à Clitheroe en 1965 de Rawalpindi [au Pakistan] pour travailler dans l'usine de ciment dans la banlieue de la ville.

À la mort de son père en 2000, tous les efforts de ce dernier pour établir une mosquée pour les quelques 300 musulmans n'avaient pas encore porté leur fruit. C'est alors que M. Arshad releva le défi.

« Je me disais, pourquoi devrais-je être traité moins bien ? » raconte M. Arshad. « Un quart de mon salaire est aussi versé aux impôts. Je voulais vraiment obtenir la mosquée. »

En tout, M. Arshad et son père ont dû déposer huit demandes de mosquée...

Il y avait souvent des huées et des cris de « Rentrez chez vous, Pakis ! » lors des séances du conseil, se souvient-il.

La version officielle des autorités pour justifier leur refus de mosquée était que celle-ci attirerait à Clitheroe des « outsiders », une référence voilée aux musulmans.

. . . M. Arshad décida alors de s'organiser et de prouver qu'il était un musulman modéré qui pouvait prendre part à toutes les activités de la ville.

Il créa un groupe de scouts interconfessionnel qui honorait de nombreuses fêtes religieuses, y compris le nouvel an taoïste et juif. Il créa le Medina Islamic Education Center, un groupe interconfessionnel pour adultes et il réussit à persuader le conseil local à autoriser ce groupe à diriger un comité clé. Il organisa une série de séminaires sur le conflit international qui attira d'importants universitaires.

Le 21 décembre, le soir du vote pour la mosquée, la salle du conseil était pleine à craquer avec 150 personnes. La police veillait à l'extérieur. Le vote compta 7 voix contre 5 pour la mosquée ; il n'y eut aucune violence.

« Je suis venu, résigné à perdre », avouait Arshad. « Au bout du compte, c'est une vraie leçon de modestie. »

« Le fait que l'église soit répertoriée comme étant un lieu de culte dans les registres de planification de la ville a aidé à en faire une réalité », explique Geoffrey Jackson, administrateur général du bureau d'aide social Trinity Partnership et méthodiste, qui soutenait Arshad.

Le comportement d'Arshad n'y était pas pour rien. « C'est un type vraiment bien, avec un accent du Lancashire, né et élevé ici, et éduqué à l'école de Clitheroe », indiquait Jackson.[1]

Connexions

1. Quel rôle les institutions religieuses jouent-elles dans la vie d'une communauté ? Pourquoi pensez-vous que la religion joue un rôle important dans les communautés d'immigrants ? En quoi ces réponses expliquent-elles la raison pour laquelle il était important pour Arshad de construire une mosquée locale ?

2. L'un des résultats positifs du conflit de la mosquée présenté dans ce texte, est la possibilité de discuter de problèmes qui n'étaient autrement pas abordés publiquement. Quels problèmes pensez-vous que ces conflits soulèvent ? Comment ces conflits peuvent-ils devenir des occasions de promouvoir l'intégration ?

3. Comment expliquez-vous la résistance initiale au projet d'Arshad pendant les séances du conseil municipal ? Quel était le rôle de la peur ? Comment Arshad a-t-il vaincu cette résistance ?

◇ ◇ ◇

Réimprimé avec l'autorisation du *New York Times* (2 avril 2007). Copyright © 2007, The New York Times Company.

---

[1] Jane Perlez, « Old Church Becomes Mosque in Uneasy Britain », *New York Times*, 2 avril 2007, *http://www.nytimes.com/2007/04/02/world/europe/02britain.html?pagewanted=print* (consulté le 8 novembre 2007).

Concilier la diversité

« Ma femme et moi apprenons à nos enfants que différentes personnes font différentes choses, se comportent de différentes manières, mangent différentes nourritures, parlent différentes langues, ont différentes couleurs de peau, mais que ces différences ne sont ni plus compliquées, ni moins spectaculaires, que les différences entre les fleurs, chacune d'une couleur, d'une taille, d'un parfum, etc. différents. »

La psychologue culturelle Carola Suárez-Orozco écrit :

> La mondialisation croissante a stimulé un flux sans précédent d'immigrants dans le monde entier. Ces nouveaux arrivants, d'origines nationales variées et de divers milieux culturels, religieux, linguistiques, raciaux et ethniques, défient le sentiment d'unité nationale. La mondialisation menace non seulement l'identité des résidents d'origine dans les lieux où s'installent les nouveaux arrivants mais aussi celles des immigrants et de leurs enfants.[1]

Pour beaucoup dans les sociétés d'accueil, la première approche aux changements qui viennent de la migration se trouve dans les aliments qu'apportent avec eux les immigrants. Les currys à l'indienne sont maintenant généralement acceptés comme l'un des plats nationaux de Grande-Bretagne. La restauration de rue à Berlin comprend maintenant les « donner kebabs » turcs ainsi que d'autres douceurs allemandes plus traditionnelles. Les touristes à Amsterdam et Paris recherchent les restaurants des anciennes colonies hollandaises et françaises. Le couscous d'Afrique du nord est en passe de devenir aussi Parisien que le steak-frites. Tout le monde ne voit pas ces changements du bon œil ; certains s'inquiètent de la perte de leur culture. En fait, les groupes anti-immigrants en France se servent des plats traditionnels français comme symbole de leur message.

Ce texte contient des extraits du *Spiegel Online International*.

▲ Les bénévoles se rassemblent pendant une distribution de soupe au porc gratuite aux sans-abris près de la Gare de l'Est à Paris. Les critiques et certains agents publics ont dénoncé la distribution de soupe populaire comme discriminatoire car la soupe contient du porc, une viande que les musulmans et les juifs ne peuvent manger.

Les groupes [caritatifs] de droite en France ont depuis des semaines servi de la soupe au porc aux gens qui ont faim. Mais ce choix alimentaire signifie que les musulmans et les juifs en sont exclus [en raison des règles alimentaires religieuses qui interdisent de manger du porc]. Ce qui était exactement ce qu'ils cherchaient à faire. . . .

Ceux qui offrent la [soupe au porc] . . . nient que leur charité est raciste ou discriminatoire. La soupe au porc, affirment-ils, est ancrée fermement dans la cuisine française traditionnelle et . . . ils ne refuseraient pas d'en servir à des musulmans et à des juifs qui ont faim.

« Avec le porc dans la soupe, nous retournons à nos origines, notre identité », déclarait à l'Associated Press Roger Bonnivard, directeur du groupe d'aide aux sans abris Solidarité des français et chef-cuisinier de la soupe au porc. « Dans toutes

> les fermes, on tue un cochon et on fait la soupe. . . . Le cochon est l'aliment de nos ancêtres. »
>
> D'autres, toutefois, ont rendu leur message caritatif clair. « Ce n'est pas que nous n'aimons pas les musulmans », dit le chef du groupe Bloc Identitaire [un groupe français nationaliste de droite] Fabrice Robert à l'AP. « . . . 1 000 musulmans en France ne posent aucun problème, mais 6 millions posent un gros problème. »
>
> En réponse aux soupes populaires, la maire de Strasbourg, Fabienne Keller, déclarait que les « [p]rojets aux sous-entendus raciaux doivent être dénoncés ». Dans cette ville, la distribution de soupes de soi-disant œuvres de bienfaisance a été interdite au début du mois. La police à Paris étudie des actions similaires.[2]

Claire Bonnivard, une des organisatrices des soupes populaires, explique qu'avec une diversité croissante, « notre liberté en France est menacée. . . Si nous préférons la civilisation européenne et la culture chrétienne, c'est notre choix ».[3]

Shawkat Toorawa est un musulman qui écrit sur son identité. Enfant, il allait à l'école à Paris. Il se souvient que la cafétéria de l'école était un lieu où les différences entre lui et ses camarades de classe étaient visibles. (Sa famille ne mangeait que de la viande halâl, abattue selon les lois islamiques.) Ses parents insistaient sur le fait que ces différences n'étaient pas à voir négativement :

> À l'école, j'étais le seul de mon âge à ne pas manger de viande. On me donnait du yaourt nature avec deux morceaux de sucre et des fruits quand tous les autres recevaient de la viande. Personne ne se moquait de moi, mais j'ai demandé à ma mère pourquoi je ne pouvais pas manger la viande que mes camarades avalaient. On le pourrait, mais on ne le fait pas, m'a-t-elle dit. Nous suivons certaines règles, les autres suivent des règles différentes. Nous ne valons pas mieux que tes camarades et ils ne valent pas mieux que nous. Je digérais ça immédiatement. « Ma femme

Concilier la diversité 79

> et moi apprenons à nos enfants que différentes personnes font différentes choses, se comportent de différentes manières, mangent différentes nourritures, parlent différentes langues, ont différentes couleurs de peau, mais que ces différences ne sont ni plus compliquées, ni moins spectaculaires, que les différences entre les fleurs, chacune d'une couleur, d'une taille, d'un parfum, etc., différents.[4]

Dans un effort d'adaptation à une population musulmane en pleine croissance, une école d'Angleterre a décidé de ne servir que de la viande halâl. Alors que certains parents soutiennent ce changement, d'autres ont manifesté pour s'y opposer. La mère d'un élève de l'école expliquait sa position :

> « J'ai mis mes enfants dans cette école parce que je ne veux pas qu'ils soient touchés par la religion. . . Nous ne pouvons imposer notre culture sur qui que ce soit parce que ce n'est pas correct, alors il ne faut pas qu'on nous impose la culture de qui que ce soit d'autre. . . Le peu de culture que nous avons se perd. . . » Et d'ajouter : « Je rejette totalement l'appellation de racisme. Nous laissons les gens venir dans ce pays et nous finissons par être une minorité. Nous nous adaptons aux autres cultures au dépend de la nôtre. »[5]

Connexions

1. Dans la postface de cet ouvrage, Carola Suárez-Orozco écrit : « Les défis culturels de la formation de l'identité dans une ère de mondialisation touchent la jeunesse immigrante et autochtone mais de différentes façons ». Comment l'immigration touche-t-elle les identités des autochtones ?

2. Le Bloc Identitaire est un groupe nativiste de droite qui utilise des messages de fierté raciale pour unir. . . les jeunes français et européens

qui sont fiers de leurs racines et de leur héritage ». Comment expliquez-vous l'attrait des groupes nativistes ? Où s'arrête la fierté de l'héritage et où commence l'intolérance des autres ?

3. Pourquoi pensez-vous que les autorités françaises ont empêché le groupe Bloc Identitaire de distribuer sa soupe ? Approuvez-vous leur décision ? Qu'est-ce que cela a accompli ? Comment les autorités auraient-elles pu répondre autrement ?

4. Qu'est-ce que la famille de Toorawa lui a appris sur les différences entre les personnes ? Que pensez-vous des conseils qui lui ont été donnés ?

5. Comment les administrateurs de l'école anglaise essaient-ils de s'adapter à la diversité ? Que pensez-vous de la décision de l'école de servir uniquement de la viande halâl à la cafétéria ?

6. Comment la mère anglaise explique-t-elle sa décision de protester contre la politique de la cafétéria ? Si vous étiez responsable dans une école, que lui diriez-vous ? Comment pourriez-vous essayer de résoudre le conflit ?

◇ ◇ ◇

Réimprimé avec l'autorisation du du *Spiegel Online International* (25 janvier 2008)

---

[1] Carola Suárez-Orozco, « Formulating Identity in a Globalized World », 173.

[2] « France Battling Bigot Broth for the Homeless », *Spiegel Online International*, 25 janvier 2006, http://www.spiegel.de/international/0,1518,397249,00.html (consulté le 19 septembre 2007).

[3] Craig S. Smith, « In France, a meal of intolerance », *International Herald Tribune*, 28 février 2006, http://www.iht.com/articles/2006/02/27/news/journal.php (consulté le 6 novembre 2007).

[4] Shawkat M. Toorawa, « Reflections of a Multicultural Muslim », (séminaire, Northeastern University, Boston (Massachussetts, États-Unis, 19 avril 2001), disponible sur le site http://www.violence.neu.edu/ShawkatToorawa.html (consulté le 7 octobre 2008).

[5] « Parents protest at school's 'Halal-only' lunch », *Daily Mail*, 9 février 2007, http://www.dailymail.co.uk/pages/live/articles/news/news.html?in_article_id=435198&in_page_id=1770 (consulté le 6 octobre 2007).

Aliénation

« *Tu te retrouves avec des gens dont tu ne connais pas la culture, tu te sens très mal, tu sens plus encore que tu n'es pas très bien intégrée...* "

Une partie cruciale de l'adolescence est la recherche d'identité. Pour de nombreux adolescents, les pressions à la fois internes et externes à leur communauté introduisent des choix difficiles. La religion est un composant important et souvent positif de l'identité en développement et peut fournir un ensemble de valeurs, un sentiment d'appartenance et une orientation pour de nombreux adolescents qui apprennent à déchiffrer leur environnement. Pour certains adolescents musulmans d'Europe, cerner ce que veut dire faire partie d'une minorité religieuse est particulièrement difficile parce qu'ils ne se sentent souvent pas acceptés par la société. Lors d'un entretien, Souad, une femme maghrébine française, décrit de quelle manière les divisions de la société française étaient représentées dans sa classe lorsqu'elle était enfant.

> Au collège et au lycée, les gens se définissent par leur appartenance à un groupe, en tant que Maghrébins ou en tant que Français. Je me trouvais plus de choses en commun avec les Maghrébins qu'avec les Français. Déjà, en *sixième*, [à 11 ans] on sentait la différence entre ceux dont les parents avaient de l'argent et les autres. Ils m'ont mis dans la section avancée parce que j'avais eu 20 en maths l'année d'avant, pensant que j'étais peut-être une intellectuelle. Cela m'a traumatisée qu'ils me mettent avec les autres (les Français). Une fille m'a dit : « Toi, t'es Arabe, t'approches pas de moi. » J'étais « l'Arabe de la classe ». C'était un véritable choc. J'étais la seule et je trouvais très difficile de me faire des amies ; j'en avais une. Tu te retrouves avec des gens dont tu ne connais pas la culture, tu

Ce texte contient des extraits de *Why the French Don't Like Headscarves: Islam, the State, and Public Space* de John Bowen et de *Zacarias Moussaoui, mon frère* d'Abd Samad Moussaoui.

te sens très mal, tu sens plus encore que tu n'es pas très bien intégrée : « on ne veut rien avoir à faire avec toi, tu es une sale Arabe ». Ce racisme, ils l'ont appris de leurs parents.

L'année d'après (*en cinquième*), je suis alors redescendue au niveau normal et j'étais avec des gens comme moi, d'origine maghrébine, et c'était plus facile de s'entendre, sans le racisme. Et je pense vraiment que le système scolaire y contribue parce que c'est là que la différence est faite depuis le début, avec seulement... des Français à un niveau et tous les Maghrébins et les autres à un autre niveau et ce, dès le collège ; c'est donc normal que plus tard le racisme grandisse dans l'esprit des gens. Les établissements scolaires partagent donc la responsabilité de la situation.[1]

▲ Des enfants immigrants d'Afrique du Nord jouent sur un véhicule rouillé en France

Qu'arrive-t-il aux jeunes qui sentent que leur identité est rejetée par la société en général ? Le psychiatre James Gilligan, auteur de *Preventing Violence: Prospects for Tomorrow*, explique que les sentiments de honte et d'humiliation sont un facteur clé pour comprendre la violence. Il explique : « je n'ai toujours pas isolé un acte de violence grave qui n'ait pas été provoqué par un ressenti de honte et d'humiliation, de manque de respect et de ridicule et qui ne représentait pas une tentative d'empêcher ou de corriger cette "perte de la face", quelles qu'en soit les conséquences, même s'il s'agit de la mort. »[1]

Abd Samad Moussaoui, un musulman français d'ascendance magrébine et son frère Zacarias ont tous deux ressenti la douleur de la discrimination en grandissant en France. Dans son mémoire, Abd décrit comment le racisme a façonné leur manière de se percevoir et de percevoir autrui.

> À l'école La Fontaine, un des instituteurs détestait viscéralement les Maghrébins. Si incroyable que cela puisse paraître, son attitude était explicite. Quand il rencontrait un élève d'origine arabe aux toilettes, il le cognait ! Tous les élèves étaient au courant mais personne ne disait rien. Zacarias se faisait taper, je me faisais taper, les autres aussi. En silence. C'était l'omertà. Comme si cela ne regardait que lui et nous. Comme si telle était la règle d'un jeu imposée par un instituteur raciste. Le but était d'être plus malin que lui, et de ne pas se retrouver aux toilettes lorsqu'il y était.
>
> Dans ce genre de situation, un enfant ne comprend pas ce qui lui arrive. Il ne sait pas « pourquoi les gens sont méchants ». . . Et puis, dès qu'il grandit, il prend l'habitude de ne pas se laisser faire. Il apprend à jouer de ses poings. Et quand il peut cogner, il cogne.[3]

---

* *L'omertà* est un pacte secret auquel on a prêté serment, un code du silence, ou un refus à produire des informations à la police au sujet d'activités criminelles.

En grandissant, Abd et son frère ont réagi différemment à la discrimination à laquelle ils étaient confrontés. Zacarias s'est peu à peu tourné contre ceux dont il avait perçu le rejet alors qu'Abd s'est efforcé de trouver sa place au sein de la société française et est devenu enseignant. Zacarias est tombé sous l'influence de radicaux, qui au nom de la religion, prêchaient la haine, la violence et le terrorisme. Tout en n'excusant jamais les actions ni l'idéologie de son frère, Abd a tenté de comprendre le chemin qui a mené Zacarias au radicalisme.

Connexions

1. Souad s'est sentie aliénée au collège. Elle explique : « tu te retrouves avec des gens dont tu ne connais pas la culture, tu te sens très mal, tu sens plus encore que tu n'es pas très bien intégrée..." Pourquoi pensez-vous qu'être la seule Maghrébine de sa classe l'ait mise mal à l'aise ? Vous êtes-vous déjà senti(e) aliéné(e) d'un groupe plus large ? Comment l'avez-vous ressenti ? Comment avez-vous réagi ?

2. Quelles sont les différences entre élèves qui importent dans votre école ? Pour qui ces différences sont-elles importantes ? Dans le texte, « The "In" Group » de *Facing History and Ourselves: Holocaust and Human Behavior*, Eve Shalen écrit ce qui suit.

    > D'ordinaire, on fait des parias d'individus parce qu'ils sont différents, d'une manière ou d'une autre, du plus grand groupe. Mais dans ma classe, il n'existait pas de grandes différences. C'était comme si les parias avaient été inventés par le groupe parce qu'il en avait besoin. Les différences entre nous n'ont pas causé de haine, c'est la haine qui a causé nos différences.[4]

    Comment pensez-vous que Souad réagirait aux commentaires de Shalen ? Les commentaires de Shalen correspondent-il à la manière dont les élèves se perçoivent dans votre établissement scolaire ?

3. Souad pense que « le système scolaire contribue (au racisme) parce que c'est là que la différence est faite depuis le début, avec seulement... des Français à un niveau et tous les Maghrébins et les autres à un autre niveau...

Aliénation

Les établissements scolaires partagent donc la responsabilité de cette situation. » De quelle façon les divisions dans les établissements scolaires reflètent-elles des tensions sociales plus grandes ? Pensez-vous que les établissements scolaires aient une responsabilité dans la résolution de ces conflits ? Que peuvent réellement accomplir l'administration scolaire et les enseignants ?

4. Un rapport britannique récent, portant sur les problèmes d'identité et d'intégration scolaire, souligne :

> Il s'est avéré qu'un contact constructif entre des gens de groupes différents fait s'effondrer les stéréotypes et les préjugés. Un contact est constructif lorsque les conversations vont au-delà d'une amabilité superficielle ; . . . que les gens échangent des informations personnelles ou parlent de leurs différences et de leurs identités ; que les gens ont un but ou un intérêt commun ; et que ce contact se prolonge à long terme.[5]

De quoi serait fait un contact constructif entre élèves de groupes différents ? Cela se produit-il dans votre établissement scolaire ? Si oui, de quelle manière et dans quel cadre ? Quels sont les avantages éducatifs « [d']un contact constructif entre des gens de groupes différents » ? De quelle façon l'établissement scolaire de Souad aurait-il pu créer des occasions pour qu'elle et ses camarades puissent avoir un « contact constructif » ?

5. Selon Moussaoui, comment est-ce qu'être victime de discrimination façonne la manière dont ces personnes se perçoivent et perçoivent autrui ?

6. Donnez des exemples de réactions des individus aux préjugés et à la discrimination. Pourquoi certains enfants arrivent-ils bien à surmonter préjugés et discrimination alors que d'autres n'y parviennent pas ?

7. Dans un document commandé par le gouvernement britannique au sujet de la radicalisation de jeunes musulmans, Tufyal Choudhury explique ce qui suit :

> Un modèle identifiant les « attitudes » des individus les plus à risque de radicalisation, met en avant quatre indicateurs

« essentiels ». En premier, la perception de l'individu de son acceptation par la société ; en second, la perception d'avoir accès aux mêmes opportunités que d'autres ; en troisième, le sentiment d'être intégré et de faire partie de la société ; en quatrième, son degré d'identification à ce qu'il perçoit comme étant les valeurs dominantes de la société. La mesure dans laquelle les musulmans sont perçus par la société comme faisant partie de la communauté est aussi importante. Tous ces indicateurs sont influencés par les messages ambigus et contradictoires du gouvernement et des personnages politiques.[2]

Comment ces commentaires s'apparentent-ils à la tentative de Moussaoui de comprendre les choix de son frère ? Comment ces commentaires font-ils écho à ceux de Gilligan en ce qui concerne la relation entre l'humiliation et la violence ? Quels sont les autres facteurs à prendre en compte lorsqu'on essaie de comprendre le raisonnement derrière l'exécution d'actes violents ?

8. Choudhury identifie plusieurs facteurs relatifs à l'identité et à l'appartenance qui jouent un rôle dans la radicalisation. Pourquoi pensez-vous que certains épousent des idéologies violentes ? Que peut-on faire pour éviter que les jeunes gens ne se tournent vers la violence lorsqu'ils se sentent exclus ?

◇ ◇ ◇

Réimpression avec autorisation de *Why the French Don't Like Headscarves: Islam, the State, and Public Space*. Copyright © 2007, Princeton University Press.

---

[1] John R. Bowen, *Why the French Don't Like Headscarves: Islam, the State, and Public Space* (Princeton: Princeton University Press), 75.

[2] James Gilligan, *Violence: Reflections on a National Epidemic* (New York: Vintage Books, 1996), 110.

[3] Abd Samad Moussaoui, *Zacarias Moussaoui, mon frère* , (Paris : Denoël, 2002), 97.

[4] Eve Shalen, « The "In" Group », *Facing History and Ourselves: Holocaust and Human Behavior* (Brookline: Facing History and Ourselves National Foundation, Inc., 1994), 29.

[5] Communities and Local Government, « Guidance on the duty to promote community cohesion », http://www.culturaldiversity.org.uk/docs/38.pdf (consulté le 25 janvier 2008).

◇ ◇ ◇

Identité et appartenance dans le contexte de la mondialisation

◇ ◇ ◇

Si l'on parlait de religion

« Ma lutte pour considérer les traditions auxquelles j'appartiens comme mutuellement enrichissantes plutôt que mutuellement exclusives est l'histoire d'une génération de jeunes gens qui se trouvent à la croisée des chemins de l'héritage et de la découverte et qui cherchent à regarder dans les deux directions à la fois. »

Trop souvent, la violence commise par les extrémistes fait ombrage aux histoires de jeunes gens qui se sont engagés à bâtir des liens entre des gens de traditions religieuses différentes. Eboo Patel est le fondateur et le directeur général d'Interfaith Youth Core. L'objectif du programme est de créer une communauté de jeunes gens qui s'efforcent de promouvoir l'entente des peuples d'origines religieuses diverses. Dans son autobiographie, *Acts of Faith*, Patel décrit les origines de son propre activisme.

> Je suis un musulman américain originaire de l'Inde. Mon adolescence a été une suite de rejets, l'un après l'autre, des diverses dimensions de mon héritage, ancrés dans la croyance que les États-Unis, l'Inde et l'Islam ne pouvaient pas coexister dans une seule et même personne. Si je voulais être l'un des trois, je ne pouvais pas être les autres. Ma lutte à voir les traditions auxquelles j'appartiens comme mutuellement enrichissantes plutôt que mutuellement exclusives est l'histoire d'une génération de jeunes gens qui se trouvent à la croisée des chemins de l'héritage et de la découverte et qui cherchent à regarder dans les deux directions à la fois. Il existe un lien fort entre la découverte d'un sentiment de cohésion interne et le développement d'un engagement pour le pluralisme. Et ceci dépend complètement de qui vient à votre rencontre à cette croisée des chemins.

Ce texte contient des extraits de *Acts of Faith: The Story of an American Muslim, the Struggle for the Soul of a Generation* d'Eboo Patel.

Lorsque j'étais à l'université, j'ai soudainement réalisé que tous mes héros étaient des gens ayant une foi profonde : Dorothy Day, le dalaï-lama, Martin Luther King Jr., Mahatma Gandhi, Malcolm X, l'Aga Khan. De plus, ils étaient tous de croyances différentes. Après un peu plus de recherches, deux autres caractéristiques en ressortaient. Premièrement, la coopération religieuse a été centrale au travail de la plupart de ces modèles croyants. Le pasteur Martin Luther King Jr et le rabbin Abraham Joshua Heschel ont joint leurs forces dans la lutte pour les droits civils. Mahatma Gandhi a déclaré que l'unité hindoue-musulmane lui était aussi importante qu'une Inde indépendante. Deuxièmement, chacun de mes héros croyants a endossé un rôle de meneur très tôt dans la vie. King n'avait que vingt-six ans lorsqu'il mena le boycott du bus de Montgomery. Gandhi était plus jeune encore lorsqu'il initia son mouvement contre l'injustice des lois dans l'Afrique du Sud du début du vingtième siècle.

... Au lycée, le groupe avec lequel je déjeunais comprenait un

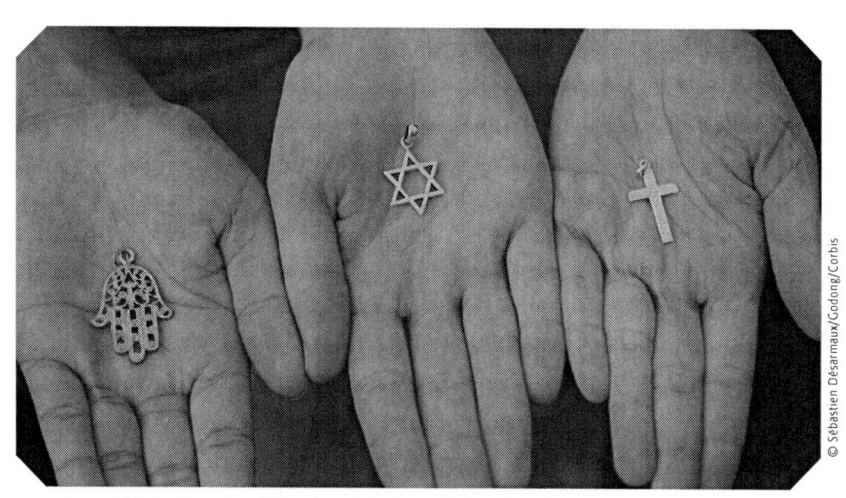

▲ Les symboles de trois religions monothéistes : l'Islam, le Judaïsme et le Christianisme

Cubain juif, un Nigérian évangélique, et un Indien hindou. Nous étions tous plus ou moins pratiquants mais nous ne parlions presque jamais de nos religions entre nous. Fréquemment, l'un d'entre nous déclarait à la tablée ne pas pouvoir manger certains aliments ou ne pas pouvoir manger du tout pendant un certain temps. Nous savions tous que la religion se cachait derrière ces restrictions alimentaires mais personne n'offrait de plus amples explications que le coutumier « ma mère m'a dit » et personne ne posait de questions.

Ce pacte silencieux nous soulageait tous. Nous n'étions pas armés de mots qui puissent nous permettre d'expliquer notre foi à d'autres ou de poser des questions sur celle d'autrui. À l'époque, je songeais peu aux dangers tapis dans ce silence.

Quelques années après l'obtention de notre diplôme, mon ami juif m'a rappelé une période difficile de notre adolescence. Il y avait un groupe d'élèves dans notre lycée qui pendant plusieurs semaines, s'était mis à gribouiller des insultes antisémites sur les bureaux et à faire des commentaires obscènes sur les juifs dans les couloirs. Je ne les confrontai pas. Je ne réconfortai pas mon ami juif. J'en savais peu quant à ce que le judaïsme pouvait représenter pour lui, j'en savais moins encore quant aux effets émotionnels de l'antisémitisme et je ne savais quasiment rien de la manière de mettre fin au sectarisme. Je détournai donc mon regard et évitai mon ami car je ne savais pas comment lui faire face.

Quelques années plus tard, il m'a décrit la peur qu'il avait ressentie en arrivant au lycée à cette époque-là et l'isolement ultime qu'il éprouvait en voyant ses amis proches rester simplement là à ne rien faire. L'entendre retracer sa souffrance et ma complicité constitue l'expérience la plus humiliante de ma vie. Je ne le savais pas au lycée mais mon silence était une trahison : trahison de l'Islam qui invite les musulmans confrontés à l'injustice à être courageux et solidaires ; trahison des États-Unis qui comptent sur leurs citoyens pour maintenir les liens du pluralisme quand d'autres tentent de les détruire ; trahison de l'Inde, un pays qui a trop souvent vu couler le sang dans ses villes et villages quand des extrémistes s'attaquent aux minorités et que d'autres manquent de les protéger.

Mon ami avait besoin de plus que de ma présence silencieuse à la table du réfectoire. Le pluralisme n'est pas une position par défaut, un mode de pilote automatique. Le pluralisme est un engagement intentionnel et dont on s'empreint par l'action. Cela demande un dialogue réfléchi avec la différence, une fidélité franche envers les autres et une protection active en cas d'infraction. On doit choisir de s'éloigner du discours d'une seule croyance pour aller vers le pluralisme, puis il faut se faire entendre. Pour faire écho à Robert Frost, il est facile de voir mourir le pluralisme dans le feu d'un attentat suicide. Mais la glace du silence le tue tout autant.[1]

Connexions

1. Comment Patel a-t-il surmonté le « rejet » ? Qui l'a inspiré ? Quelles traditions différentes représentent les modèles de Patel ? Qu'ont-ils en commun ? Qui vous inspire ?

2. Patel établit un lien entre « cohérence interne » (être à l'aise avec sa propre identité) et l'engagement pour le pluralisme (coexistence pacifique de plusieurs groupes). Qu'entend-il par cela ? Comment trouver l'équilibre entre sa propre identité et son désir de s'engager pour le pluralisme ?

3. La religion fait partie intégrante de l'identité de Patel. La religion joue-t-elle un rôle dans votre façon de vous percevoir et de percevoir les autres ?

4. En examinant les raisons de son silence, Patel articule que ses amis n'étaient pas armés pour parler de leur foi avec autrui ni pour poser des questions sur leurs différences de traditions. Comment la jeunesse peut-elle se préparer à un dialogue sur ces sujets ? Qu'entend Patel lorsqu'il fait référence aux « dangers tapis dans ce silence » ?

5. Patel dit que ses amis et lui étaient des spectateurs pendant que les juifs subissaient des intimidations au lycée. Vous êtes-vous déjà trouvé(e) en position de spectateur(trice) dans une situation similaire ? Décrivez la situation. Pourquoi n'êtes-vous pas intervenu(e) ? Comment, vos amis et vous, réagissez-vous lorsque des gens de groupes différents se sentent menacés par le racisme et les préjugés ? Comment aimeriez-vous réagir ?

6. Qui est responsable de la gestion des incidents antisémites ou racistes qui se produisent dans le cadre scolaire ? S'agit-il des enseignants ? Des élèves ? Des parents ?

◇ ◇ ◇

Réimprimé de *Acts of Faith: The Story of an American Muslim, the Struggle for the Soul of a Generation,* avec l'autorisation de Beacon Press. Copyright © 2007, Eboo Patel.

---

[1] Eboo Patel, *Acts of Faith: The Story of an American Muslim, the Struggle for the Soul of a Generation* (Boston: Beacon Press), xvii–xix.

Un nouveau concept d'identité

« *Si ces personnes. . . ne peuvent assumer leurs appartenances multiples, si elles sont constamment mises en demeure de choisir leur camp, sommées de réintégrer les rangs de leur tribu, **alors** nous sommes en droit de nous inquiéter sur le fonctionnement du monde.* »

Amin Maalouf, écrivain français d'origine libanaise et auteur de *Les identités meurtrières* vit en France. Il pense que l'origine d'une grande partie de la violence dans le monde provient de tensions relatives à l'identité et à l'appartenance. Pour empêcher la violence, Maalouf écrit que nous devons trouver un nouveau moyen de penser l'identité :

▲ Comment pouvez-vous imaginer de nouvelles formes d'identité ?

> À l'ère de la mondialisation, avec ce brassage accéléré, vertigineux, qui nous enveloppe tous, une nouvelle conception de l'identité s'impose – d'urgence ! Nous ne pouvons nous contenter d'imposer aux milliards d'humains désemparés le choix entre l'affirmation outrancière de leur identité et la perte de toute identité, entre l'intégrisme et la désintégration.[1]

Maalouf illustre son argument avec sa propre histoire :

> Depuis que j'ai quitté le Liban pour m'installer en France, que de fois m'a-t-on demandé, avec les meilleures intentions du monde si je ne me sentirais pas « plutôt français » ou « plutôt libanais ». Je réponds invariablement : L'un et l'autre ! Non par quelque souci d'équilibre ou d'équité, mais parce qu'en répondant différemment, je mentirais. Ce qui fait que je suis moi-même

Ce texte contient des extraits de *Les identités meurtrières*, d'Amin Maalouf.

et pas un autre, c'est que je suis ainsi à la lisière de deux pays, de deux ou trois langues, de plusieurs traditions culturelles. C'est précisément cela qui définit mon identité. Serai-je plus authentique si je m'amputais une partie de moi-même ?

À ceux qui me posent la question, j'explique donc, patiemment, que je suis né au Liban, que j'y ai vécu jusqu'à l'âge de vingt-sept ans, que l'arabe est ma langue maternelle, que c'est d'abord en traduction arabe que j'ai découvert Dumas et Dickens et Les Voyages de Gulliver, et que c'est dans mon village de la montagne, le village de mes ancêtres, que j'ai connu mes premières joies d'enfant et entendu certaines histoires dont j'allais m'inspirer plus tard dans mes romans. Comment pourrais-je l'oublier ? Comment pourrais-je m'en détacher ? Mais d'un autre côté, je vis depuis vingt-deux ans sur la terre de France, je bois son eau et son vin, mes mains caressent chaque jour ses vieilles pierres, j'écris mes livres dans sa langue, jamais plus elle ne sera pour moi une terre étrangère.

Moitié français, donc, et moitié libanais ? Pas du tout ! L'identité ne se compartimente pas, elle ne se répartit ni par moitiés, ni par tiers, ni par plages cloisonnées. Je n'ai pas plusieurs identités, j'en ai une seule, faite de tous les éléments qui l'ont façonnée, selon un « dosage » particulier qui n'est jamais le même d'une personne à l'autre.

Parfois, lorsque j'ai fini d'expliquer, avec mille détails, pour quelle raisons précises je revendique pleinement l'ensemble de mes appartenances, quelqu'un s'approche de moi pour murmurer, la main sur mon épaule : « Vous avez eu raison de parler ainsi, mais au fond de vous-même, qu'est-ce que vous sentez ? »

Cette interrogation insistante m'a longtemps fait sourire. Aujourd'hui, je n'en souris plus. C'est qu'elle me semble révélatrice d'une vision des hommes fort répandue et, à mes yeux, dangereuse. Lorsqu'on me demande ce que je suis, « au fin fond de moi-même », cela suppose qu'il y a, « au fin fond » de chacun, une seule appartenance qui compte, sa « vérité profonde » en quelque sorte, son « essence », déterminée une fois pour toutes à la naissance et qui ne changera plus ; comme si le reste, tout le reste – sa trajectoire d'homme libre, ses convictions acquises, ses préférences, sa sensibilité propre, ses affinités, sa vie, en somme –, ne comptait pour rien. Et lorsqu'on incite nos contemporains à « affirmer leur identité » comme on le fait le fait si souvent aujourd'hui, ce qu'on leur dit par là c'est qu'ils doivent retrouver au fond d'eux-mêmes cette prétendue appartenance fondamentale, qui est souvent religieuse ou nationale ou raciale ou ethnique, et la brandir fièrement à la face des autres.

Quiconque revendique une identité plus complexe se retrouve marginalisé. Un jeune homme né en France de parents algériens porte en lui deux appartenances évidentes, et devrait être en mesure de les assumer l'une et l'autre. J'ai dit deux, pour la clarté du propos, mais les composantes de sa personnalité sont bien plus nombreuses. Qu'il s'agisse de la langue, des croyances, du mode de vie, des relations familiales, des goûts artistiques ou culinaires, les influences françaises, européennes, occidentales se mêlent en lui à des influences arabes, berbères, africaines, musulmanes... Une expérience enrichissante et féconde si ce jeune homme se sent libre de la vivre pleinement, s'il se sent encouragé à assumer toute sa diversité ; à l'inverse, son parcours peut s'avérer traumatisant si chaque fois qu'il s'affirme français, certains le regardent comme un traître, voire comme un renégat, et si chaque fois qu'il met en avant ses attaches avec l'Algérie, son histoire, sa culture, sa religion, il est en butte à l'incompréhension, à la méfiance ou à l'hostilité.

La situation est plus délicate encore de l'autre côté du Rhin. Je songe au cas d'un Turc né il y a trente ans près de Francfort, et qui a toujours vécu en Allemagne dont il parle et écrit la langue mieux que celles de ses pères. Aux yeux de sa société d'adoption, il n'est pas allemand ; aux yeux de sa société d'origine, il n'est plus vraiment turc. Le bon sens voudrait qu'il puisse revendiquer pleinement cette appartenance. Mais rien dans les lois ni dans les mentalités ne lui permet aujourd'hui d'assumer harmonieusement son identité composée.

J'ai pris les premiers exemples qui me soient venus à l'esprit. J'aurais pu en citer tant d'autres. Celui d'une personne née à Belgrade d'une mère serbe mais d'un père croate. Celui d'une femme hutu mariée à un Tutsi, ou l'inverse. Celui d'un Américain de père noir et de mère juive...

Ce sont là des cas bien particuliers, penseront certains. À vrai dire, je ne le crois pas. Les quelques personnes que j'ai évoquées ne sont pas les seules à posséder une identité complexe. En tout homme se rencontrent des appartenances multiples qui s'opposent parfois entre elles et le contraignent à des choix déchirants. Pour certains, la chose est évidente au premier coup d'œil ; pour d'autres, il faut faire l'effort d'y regarder de plus près.

Si ces personnes. . . ne peuvent assumer leurs appartenances multiples, si elles sont constamment mises en demeure de choisir leur camp, sommées de réintégrer les rangs de leur tribu, alors nous sommes en droit de nous inquiéter sur le fonctionnement du monde.

« Mises en demeure de choisir », « sommées », disais-je. Sommées par qui ? Pas seulement par les fanatiques et les xénophobes de tous bords, mais par vous et moi, par chacun d'entre nous. À cause, justement, de ces habitudes de pensée et d'expression si ancrées en nous tous, à cause de cette conception étroite, exclusive, bigote, simpliste qui réduit l'identité entière à une seule appartenance, proclamée avec rage.

C'est ainsi que l'on « fabrique » des massacreurs, ai-je envie de crier ![2]

D'après Maalouf, les stéréotypes sont importants, qu'ils trouvent leur origine à l'intérieur du groupe ou à l'extérieur de celui-ci. Et il explique que la réduction de l'identité des personnes à des catégories étriquées, peut mener à la violence.

Connexions

1. Maalouf pense que la mondialisation impose de nouvelles contraintes de revendication d'identité. Comment ? Pourquoi pense-t-il que l'on impose aux personnes « le choix entre l'affirmation outrancière de leur identité et la perte de toute identité, entre l'intégrisme et la désintégration » ? D'où vient cette contrainte ?

2. Ce texte est appelé « identités meurtrières ». Pourquoi Maalouf pense-t-il que les identités peuvent être dangereuses ?

3. Maalouf affirme que « l'identité ne se compartimente pas, elle ne se répartit ni par moitiés, ni par tiers, ni par plages cloisonnées. Je n'ai pas plusieurs identités, j'en ai une seule, faite de tous les éléments qui l'ont façonnée, selon un "dosage" particulier qui n'est jamais le même d'une personne à l'autre. » Qu'entend-il par cela ? Comment percevez-vous les nombreuses parties qui composent votre propre identité ?

4. Votre identité, ou la manière dont vous l'exprimez, change-t-elle selon les situations ? Dans quelle mesure la manière dont vous vous définissez est-elle différente de la manière dont la société peut définir votre identité ?

5. Isolez un moment où un aspect de votre identité a été affirmé. Comment l'avez-vous ressenti ? Comment avez-vous répondu ? Isolez un moment où un aspect de votre identité a été rejeté ou dénigré d'une manière ou d'une autre. Comment l'avez-vous ressenti ? Comment avez-vous répondu ?

6. L'ouvrage *Facing History and Ourselves: Holocaust and Human Behavior* propose un conte pour enfants intitulé « L'ours qui n'était pas » sur un ours à qui on fait croire qu'il est un homme paresseux portant un manteau de fourrure et devant travailler à l'usine. Dans tout le conte, de nombreuses personnes lui disent qu'il n'est pas celui

qu'il croit être. Dans quelle mesure cette parabole illustre-t-elle les tensions décrites par Maalouf ?

---

[1] Amin Maalouf, *Les identités meurtrières* (Grasset 1998), 44.

[2] Amin Maalouf, *Les identités meurtrières* (Grasset 1998), 7-11.

Plus qu'un foulard

« ... Tu t'identifies avec le seul facteur en toi qui te singularise. Mais dans un autre pays, comme dans un pays musulman... si on nous demandait de nous identifier, nous dirions que nous sommes Américaines. C'est ce qui n'est pas tenu pour certain, je suppose, qui t'identifie dans cet endroit ».

Les musulmans, comme les autres minorités religieuses, se débattent souvent pour trouver un équilibre entre l'adaptation à la société et la rétention de leur identité culturelle particulière. De plus en plus, les musulmanes en Europe et aux États-Unis ont commencé à porter le hidjab (ou foulard) comme élément de fierté, affirmation de leur identité et symbole d'un engagement religieux. Aux États-Unis et ailleurs, le port du foulard a soulevé des questions pour savoir si ces femmes se considèrent d'abord comme étant musulmanes ou américaines.

Des étudiants musulmans et juifs assistent à une réception de la Middle East Coexistence House (Maison de la coexistence du Moyen-Orient) sur le campus Douglass College de Rutgers University à New Brunswick, dans l'État du New Jersey, aux États-Unis.

Ce texte contient des extraits de « Young Muslims Struggle with Identity » de Judy Woodruff, National Public Radio.

Judy Woodruff, correspondante pour la radio publique nationale NPR aux États-Unis, a interviewé deux sœurs, Assia et Iman Boundaoui, sur leur enfance à Bridgeview, dans l'Illinois, en tant qu'enfants d'immigrants algériens. Leurs conversations ont soulevé des questions difficiles sur les foulards, les stéréotypes et le rôle de la religion dans l'identité nationale des États-Unis.

Le reportage de Woodruff contient également un entretien avec un groupe d'amis qui décrivent ce que veut dire pour eux grandir en tant que musulmans aux États-Unis :

> Assia BOUNDAOUI : . . . Juste parce qu'on porte un foulard, les gens pensent qu'on est immigrante . . . Vous savez, je suis fière d'être Algérienne, mais ça me rend dingue quand les gens pensent que juste parce qu'on porte un foulard, on ne peut pas être Américaine. Il faut qu'ils demandent d'où on vient réellement, vous savez ? Non, non, d'où vous venez vraiment ?

> Iman BOUNDAOUI : Quand on est allé à la fête du 4 juillet [la fête nationale]... le 4 juillet on va dans ce parc et ils ont des feux d'artifice et des spectacles et tout ça. On y va d'habitude, ouais, tous les ans. Et je me suis sentie comme... on se sentait tous complètement normaux, mais au bout d'un moment Assia a eu l'impression que des gens nous regardaient. C'est une fête purement américaine, vous savez, et nous on y était avec des foulards et on ne s'est pas senti à notre place. Et moi je dis, non. Vous comprenez ce que je veux dire ? . . .

> WOODRUFF : . . . En ce qui concerne votre propre identité, vous percevez-vous d'abord comme Musulmane ou comme Américaine ?

> A. BOUNDAOUI : Bon, en Amérique, on dirait que nous sommes d'abord musulmanes. Hein ? Parce que ça nous rend différentes, je suppose. Tu t'identifies avec le seul facteur en toi qui te singularise. Mais dans un autre pays, comme dans un

pays musulman, si on nous demande de nous identifier, nous dirions que nous sommes Américaines. C'est ce qui n'est pas tenu pour certain, je suppose, qui t'identifie dans cet endroit. Vous comprenez ? . . .

WOODRUFF : Alors que j'étais avec elles dans le salon, je me suis rendu compte que c'était-là l'occasion ou jamais de poser des questions de base que les étrangers, non-musulmans, aimeraient poser. Combien de foulards possédez-vous ?

I. BOUNDAOUI : Oh mon Dieu ! On en a peut-être une centaine !

A. BOUNDAOUI : Mais c'est comme si on nous demandait, combien de chemisiers possédez-vous ? Vous voyez ce que je veux dire ? . . .

WOODRUFF : Les femmes peuvent porter le hidjab pour que les gens ne les jugent pas sur leur apparence, mais en le portant les gens font exactement le contraire et les jugent sur leur apparence.

Le foulard affiche inévitablement le fait qu'elles sont musulmanes. Les sœurs Boundaoui disent qu'après le 11 septembre, quelques femmes de leur quartier ont enlevé leur foulard par crainte de représailles. D'autres qui ne l'avaient pas porté jusqu'alors ont décidé de le faire par fierté.

A. BOUNDAOUI : C'est une question que tout le monde nous pose. La vie est-elle différente depuis le 11 septembre ? Mais je pense, dans ma tête, que ce qui a changé c'est que les gens qui ne me voyaient peut-être pas avant, me voient maintenant clairement. Maintenant qu'ils me voient, il faut plus ou moins qu'ils décident de ce qu'ils pensent de moi, vous voyez ?

WOODRUFF : Que voulez-vous dire par cela ? Que disent-ils quand ils vous voient en public ? Que voient-ils ?

A. BOUNDAOUI : C'est parfois de l'hostilité et parfois de la curiosité.

WOODRUFF : Iman, qu'en pensez-vous ?

I. BOUNDAOUI : Et bien... j'avais l'impression que parfois ils voyaient quelqu'un d'opprimé. Et certains disaient simplement, vous savez, vous êtes en Amérique maintenant. Vous pouvez l'enlever. Vous n'êtes pas obligée de le porter.

A. BOUNDAOUI : Ouais. Excusez-moi, mais pourquoi portez-vous un foulard ? Je pense que c'est l'idée fausse que les musulmanes sont abaissées par le hidjab ; que c'est un outil utilisé par les hommes pour les opprimer. Mais c'est une idée qui nous est complètement étrangère, parce que c'est vraiment un choix personnel.

Vous savez, les États-Unis c'est un pays libre et les gens choisissent, les femmes qui choisissent de porter le foulard en Amérique sont particulièrement conscientes de cette liberté. Alors la décision d'une musulmane de le porter en Amérique est particulièrement poignante, je suppose.

WOODRUFF : Vous dites que c'est un choix.

A. BOUNDAOUI : Oui.

WOODRUFF : Vous avez grandi dans une famille musulmane où l'on s'attend à ce que les jeunes femmes le portent.

A. BOUNDAOUI : Mm-hmm. Oui.

I. BOUNDAOUI : Tout le monde l'attend de nous mais nous n'y sommes pas obligées. Grâce à Dieu, ma mère n'a jamais été du genre à dire, vous savez, il est temps maintenant ; il faut que tu le portes. Ma mère nous a laissées décider pour nous-mêmes.

WOODRUFF : Quel âge aviez-vous lorsque vous avez commencé à le porter ?

I. BOUNDAOUI : 15 ans..

WOODRUFF : Vous savez, on vous demande, en raison de votre religion, de débattre et d'être confrontées à des décisions vraiment très difficiles à un âge plus jeune, en quelque sorte, que beaucoup d'autres personnes qui à votre âge n'ont pas du tout à y penser.

A. BOUNDAOUI : Je pense que ça nous rend plus fortes. C'est difficile au début parce qu'on a l'impression qu'il faut qu'on fasse ses preuves, je crois. Comme l'année dernière, je travaillais dans un cabinet d'avocats. J'y suis restée pendant un an, j'étais la seule musulmane et je portais le foulard. Et je ressentais vraiment la pression. Tous ces gens qui ont des idées préconçues sur qui tu es, et il faut que tu leurs prouves que, vous savez, je suis plus que mon foulard. Je suis étudiante en Sciences politiques. Je suis intéressée par ceci. Je fais ceci ou cela. Vous comprenez, je suis plus qu'un foulard . . .

WOODRUFF : Assia Boundaoui, 21 ans et sa sœur Iman, 18 ans. Assia nous a parlé de son propre débat intérieur avec le port du hidjab et quelques semaines après cette interview, elle nous a dit qu'elle avait décidé, au moins pour l'instant, de ne plus le porter.

Dans un courriel qu'elle nous a adressé, elle écrit : Le hidjab sera toujours une force spirituelle en moi. Ce n'est pas un simple voile externe ; c'est la modestie manifestée dans tous les aspects de ma vie, de mes actions, de mes paroles et de mes choix. J'ai décidé de ne pas exprimer le hidjab physiquement, mais il reste une force à part entière de ma vie. Ma décision a été complètement soutenue par ma famille.[1]

Connexions

1. Comment expliquez-vous la popularité croissante du port du hidjab chez les jeunes musulmanes ? Quel est le rôle du hidjab dans l'identité des sœurs Boundaoui ? Quels autres termes pourriez-vous utiliser pour les décrire ?

2. Les sœurs se perçoivent parfois comme étant plus américaines et à d'autres moments plus musulmanes. Comment expliquez-vous leurs perceptions ? Y a-t-il des moments où vous sentez que votre propre identité change et où vous sentez une identité plus ou moins fortement ? Pourquoi pensez-vous que cela se produit ?

3. En discutant avec de jeunes musulmanes qui décident de porter le hidjab, Mubarak, l'ancien président d'une association d'étudiants musulmans, expliquait que, « ces jeunes se sentent à l'aise dans leur identité américaine parce que c'est la seule culture qu'ils ont jamais connue, alors c'est plus facile pour eux d'embrasser les signes extérieurs de l'Islam ». Qu'est-ce que cela signifie ? En quoi le fait de se sentir à l'aise dans leur identité américaine facilite-t-il le port du hidjab chez les jeunes femmes ?

4. Comment les sœurs Boundaoui remettent-elles en question les présupposés classiques de ce que signifie être Américain ? D'après vous, pourquoi l'image de jeunes Américaines portant le hidjab met-elle certaines personnes mal à l'aise ?

5. Comment les personnes de votre école utilisent-elles la mode pour projeter leur identité ? Quelle est la différence entre le port du hidjab comme déclaration de son identité et le port d'autres vêtements ou symboles pour représenter qui vous êtes ?

6. Quelles valeurs sont associées au port du hidjab ? Donnez des exemples des idées reçues qu'ont certaines personnes sur d'autres personnes en raison des vêtements qu'elles portent.

Ce texte est basé sur une interview de NPR (National Public Radio). Suivez ce lien pour écouter tout l'entretien en anglais : *http://www.npr.org/templates/story/story.php?storyId=6071738*.

◇ ◇ ◇

Réimprimé avec l'autorisation de National Public Radio (14 septembre 2006).

---

[1] Judy Woodruff, « Young Muslims Struggle with Identity », National Public Radio, 14 septembre 2006, *http://www.npr.org/templates/story/story.php?storyId=6071738* (consulté le 20 septembre 2006).

À quoi ressemble l'intégration ?

« Les controverses sur les déclarations publiques d'identité islamique sont peut-être les signes les plus forts que la nouvelle génération de musulmans européens n'est plus composée d'immigrants mais d'Européens qui se font entendre et s'engagent ».

Peu après la fin de la Seconde Guerre mondiale, de nombreux pays européens se sont tournés vers leurs colonies des pays en voie de développement et ont recruté des centaines de milliers d'ouvriers dans les zones rurales. La plupart de ces immigrants venaient de pays essentiellement musulmans, pourtant pendant des décennies et comme beaucoup d'autres, ils ont essayé de se débrouiller et de s'incorporer à la société, et l'Islam n'était pas une partie affichée de leur quotidien. On estime qu'après la Seconde Guerre mondiale, il y aurait

▲ Une femme turque écrit le mot *Intégration* sur un tableau noir dans une salle de classe de Hamburg-Wilhelmsburg, en Allemagne.

Des parties de ce texte ont été écrites par Carla Power en exclusivité pour *Histoires d'identité*.

eu environ un million de musulmans en Europe. Ces « travailleurs invités » sont venus pour aider aux efforts de reconstruction d'après-guerre et on s'attendait alors à ce qu'ils rentrent chez eux une fois le travail terminé. Mais au bout d'un certain temps, il est devenu clair qu'ils étaient en Europe pour y rester. Vers les années 1970, ces nombreux « invités » sont devenus des immigrants et, en dix ou vingt ans, des concitoyens. Malgré la crise du pétrole en 1973, une récession, et les tentatives juridiques d'arrêter l'immigration en Europe qui suivirent, les programmes d'unification des familles et une demande persistante de main d'œuvre bon marché ont maintenu constante l'arrivée des immigrants.

Les musulmans constituent la majorité de ces immigrants, et bien qu'il n'y ait pas de chiffres officiels, les démographes estiment qu'entre 15 et 20 millions de musulmans vivent aujourd'hui en Europe. Ils représentent environ 5 % de la population totale. Avec la visibilité croissante des musulmans en Europe, certains commentateurs allèguent qu'ils développent une société parallèle qui ne se mélange pas à l'ensemble. Pourtant, l'intégration a lieu à petits et grands pas. La question explorée dans ce texte est « À quoi ressemble l'intégration ? »

> Aujourd'hui, c'est un jeu passionnel de l'Europe du 21e siècle. Une jeune fille ou une femme musulmane insiste sur le port du foulard, ou du niqab qui l'enveloppe complètement en public (à l'école ou au tribunal ou en tant que médecin dans la salle d'opération d'un hôpital, par exemple) et la civilisation européenne se déclare attaquée. Que ce soient la fureur qui éclate en raison de l'insistance des écolières musulmanes françaises à porter le foulard à l'école, ou les batailles britanniques sur le droit des enseignantes et des femmes juges à couvrir leur visage avec le niqab, ces débats reflètent pratiquement toujours des signes de schismes culturels entre l'Islam et l'Occident. Les conservateurs se tourmentent que les valeurs européennes subissent les attaques des hordes de l'Orient musulman qui gagnent du terrain, alors que les libéraux

s'inquiètent des droits des femmes sapés par les devoirs religieux. Pour beaucoup, les batailles de l'hidjab se posent en symbole du fait que les musulmans européens ne sont pas encore tout à fait européens et de l'échec en instance de l'intégration.

En fait, c'est tout le contraire. Les controverses sur les déclarations publiques d'identité islamique sont peut-être les signes les plus forts que la nouvelle génération de musulmans européens n'est plus composée d'immigrants mais d'Européens qui se font entendre et s'engagent. La nouvelle ubiquité du voile (dans les rues, dans les tribunaux européens et dans les salles de classe) est signe d'intégration, même si cette dernière est voilée. Lorsqu'un membre du parlement britannique, Jack Straw, s'est plaint qu'il était difficile d'interagir avec les femmes qui venaient dans son bureau en portant le niqab, de nombreux Britanniques étaient d'accord. Le processus démocratique était sapé, suggérait la presse britannique, par les femmes sans visage. Peu ont remarqué qu'elles étaient là pour voir leur parlementaire, exerçant ainsi leurs droits de citoyennes à part entière à dialoguer avec leur représentant élu. Une possibilité dont leurs mères et grand-mères migrantes n'avaient probablement jamais connu l'existence ou qu'elles n'avaient sans doute jamais osé utiliser.

Lorsque les migrants musulmans ont commencé à arriver en Grande-Bretagne et en France dans les années 60 et 70, ils gardaient la tête basse, ils se concentraient sur le travail en quart dans les usines et la conduite de taxis et les économies de la journée qu'ils renverraient « au pays ». Leurs enfants et petits-enfants, en revanche, sont nés et éduqués en Europe, avec un sentiment fort de droit au processus démocratique, à la liberté religieuse, à l'égalité au travail et à l'école. « Il s'agit d'une nouvelle génération qui fait moins de concessions », observe Mohammed Colin, éditeur du site d'informations français musulman SaphirNews. « Ma mère croyait en l'assimilation absolue. Mais moi, je n'ai rien à prouver. Je suis Français et la France est multiculturelle ».

Cela ne veut pas dire que le passage d'une vie en marge à une vie ordinaire se fait sans douleur. Trouver le juste milieu entre l'acceptation de la vie en Europe et les valeurs musulmanes est un défi qui est peut-être aussi grand que vivre en migrant isolé. « Le défi de l'Islam » observe Asim Siddiqui, un comptable britannique musulman, « n'est pas de se retirer socialement du monde. C'est trop facile. Le défi consiste à s'engager dans le monde, pour voir où il nous emmène et pour avoir le plus d'engagements possibles ». Alors que les musulmans se fraient un chemin hors des ghettos d'immigrants et dans la classe moyenne européenne ordinaire, de nouvelles tensions voient le jour. En Grande-Bretagne, l'une des principales pierres d'achoppement pour les jeunes musulmans ambitieux c'est le pub : si les verres après le travail sont la clé de l'avancement, que peut faire le responsable comptable musulman s'il souhaite une promotion ? Pour le musulman en France, où le principe chéri de la République *laïque** signifie que la vie publique est protégée avec zèle contre la religion, une femme qui veut travailler et porter un voile se trouvera probablement confinée dans un bureau au fond d'un couloir, ou si la chance ne lui sourit pas, elle sera simplement sans emploi et de retour au foyer.

Le plus grand défi pour les Français musulmans, observe Colin, c'est la « visibilité ». Mais la visibilité est un signe d'engagement. La nouvelle visibilité des musulmans d'Europe (que ce soit des femmes voilées, ou des minarets poussant haut dans le ciel des horizons urbains, ou les groupes de pression politique musulmans) est un signe paradoxal de l'européanisation des musulmans.[1]

---

* *Laïcisme* ou *laïcité* est synonyme de sécularité. Le terme vient de *laïcus* ou *laï,* une référence aux chrétiens qui n'appartenaient pas à des ordres religieux ni au clergé.

Connexions

1. Carla Power écrit « Les controverses sur les déclarations publiques d'identité islamique sont peut-être les signes les plus forts que la nouvelle génération de musulmans européens n'est plus composée d'immigrants mais d'Européens qui se font entendre et s'engagent ». Qu'est-ce que cela signifie ? Quels exemples utilise-t-elle pour prouver son argument ?

2. Mohammed Colin, éditeur du site d'informations français musulman SaphirNews, explique « Il s'agit d'une nouvelle génération qui fait moins de concessions ». Ma mère croyait en l'assimilation absolue. Mais moi, je n'ai rien à prouver. Je suis Français et la France est multiculturelle ». Comment expliquez-vous la différence entre ces deux générations ?

3. Colin explique que le plus grand défi pour les Français musulmans est la « visibilité ». Comment les immigrants deviennent-ils visibles ? Quels sont certains des défis qui viennent avec la visibilité ? Quelles sont certaines des opportunités qu'elle entraîne ?

◇ ◇ ◇

Utilisé avec l'autorisation de Carla Power (16 septembre 2008).

---

[1] Carla Power, « Muslim Integration », (document de travail, 16 septembre 2008).

Postface

Identités transnationales dans nos sociétés mondialisées

Carola Suárez-Orozco, professeur de psychologie appliquée, co-directrice du Immigration Studies (centre de recherches sur l'immigration), New York University

> *« Le cheminement le plus sain est une voie où la jeunesse transculturelle fusionne de façon créative les aspects de deux ou plusieurs cultures, la tradition parentale et la ou les nouvelles cultures. En ce faisant, ils synthétisent une identité qui ne leur demande pas de choisir entre les cultures mais qui incorpore des caractéristiques des deux cultures tout en fusionnant d'autres éléments. »*

Dans nos sociétés, de plus en plus mondialisées, les individus d'une variété d'origines culturelles, religieuses, linguistiques, raciales et ethniques partagent les mêmes espaces de travail, d'éducation et de vie ; ce partage s'exprime de manières nouvelles avec une ampleur rarement vue auparavant. Cette réalité met à l'épreuve les nouveaux arrivants qui s'installent dans de nouvelles contrées, leurs enfants et petits-enfants, ainsi que les autochtones des régions où ils s'installent. Intégrer les immigrés et les générations suivantes dans la société d'accueil constitue clairement un défi majeur de la mondialisation, et tout échec à cette tâche ne sera pas, à long terme, dépourvue de conséquences sociales. La véritable intégration demande un travail sur l'identité transculturelle de part et d'autre de l'équation, de la part des « nouveaux arrivants » ainsi que des résidents de longue date. Pour les nouveaux arrivants, une des tâches premières de l'adaptation et du bien être est de développer une identité qui permette un mouvement transculturel fluide du monde de leur famille d'origine à celui du pays d'adoption. Pour ceux qui grandissent dans des lieux multiples, l'approche la plus flexible en terme d'adaptation revient à faire sienne une identité « cosmopolite » qui se réclame d'appartenir à une culture mondiale d'inclusion.[1]

« Nouveaux arrivants », le miroir social et la création d'identités transculturelles

Pour la première génération d'immigrés, qui arrivent à l'âge adulte, l'identité s'enracine fortement dans le lieu de naissance. Bien que de nombreux expatriés se sentent plutôt à l'aise dans leur terre d'accueil, leur statut a néanmoins tendance à demeurer celui d'étrangers car les obstacles culturels et linguistiques sont tout simplement trop importants pour être surmontés en une seule génération.[2] La trajectoire de leurs enfants (la deuxième génération) n'est pas aussi simple ; une variété de possibilités s'offrant à eux. Pour ces jeunes gens, se forger une identité est une étape importante de leur développement. Sont-ils à l'aise dans leur terre d'origine ? Se sentent-ils acceptés par les « autochtones » du pays d'accueil ? Quelle relation ont-ils avec le pays d'origine de leurs parents ? Leur sens d'identité trouve-t-il racine « ici », « là-bas », partout ou nulle part ?

Lorsqu'ils bâtissent leur identité, les jeunes tentent de créer une identité propre reflètant la perception que les autres ont d'eux. L'identité est moins problématique à définir lorsqu'il existe une continuité entre les divers milieux sociaux (foyer, cadre scolaire, quartier, pays) dans lesquels ces jeunes évoluent. Toutefois, à l'ère de la mondialisation, les espaces sociaux sont moins continus et plus fracturés que jamais auparavant. La tension entre la culture dominante et celle, minoritaire, des nouveaux venus est au cœur du drame du développement de l'identité ethnique et culturelle des immigrés et de leurs enfants. Les jeunes ont pour défi de naviguer entre l'identité acquise et celle qui leur est assignée ou imposée.[3] L'identité est acquise dans la mesure où l'individu acquiert un sentiment d'appartenance, « je fais partie de ce groupe ». Une identité est assignée lorsqu'elle est imposée par d'autres de même origine ethnique (« tu fais partie de notre groupe ») ou par des membres de la culture dominante (« tu fais partie de ce groupe-là »). Le travail de formation de l'identité revient à faire la synthèse des deux.

Le climat social global, l'ethos, du pays d'accueil joue un rôle critique en permettant aux jeunes de forger un sentiment d'appartenance et de s'adapter à leur nouvelle terre.[4] Malheureusement, l'intolérance envers les nouveaux arrivants est une réaction bien trop commune de par le monde. La discrimination à l'encontre des immigrés de couleur est particulièrement répandue et intense dans de nombreuses régions qui accueillent un grand nombre de nouveaux immigrés, qu'il s'agisse des États-Unis, du Japon ou de l'ensemble de l'Europe. Comme les immigrés d'aujourd'hui sont plus que jamais divers de par leur ethnicité, leur couleur de peau et leur religion, ils sont particulièrement sujets aux traumatismes des préjugés sociaux et à l'exclusion sociale qui se répandent dans l'ensemble de nos sociétés.[5]

Ces exclusions peuvent prendre des formes structurelles (lorsque les individus sont exclus des structures d'égalité des chances) aussi bien que des formes « attitudinales » sous forme de commentaires désobligeants et d'hostilité publique, ce que j'appelle le « miroir social ».[6] Ces barrières structurelles et le climat social d'intolérance et de racisme auxquels sont confrontés de nombreux immigrés de couleur intensifient les pressions de l'immigration. Bien que l'exclusion structurelle dont souffrent les immigrés et leurs enfants soit préjudiciable de façon tangible à leur capacité à participer à l'égalité des chances, l'exclusion sociale attitudinale joue un rôle tout aussi toxique. Le philosophe Charles Taylor soutient que « notre identité est en partie façonnée par la reconnaissance, ou l'absence de reconnaissance, et souvent par une reconnaissance déformée des autres ; et ainsi une personne ou un groupe de gens peuvent souffrir de dommages réels, de distorsion réelle si les individus ou la société autour d'eux leur renvoient une image d'eux-mêmes qui est limitée, dégradante ou méprisable.[7] Comment est-il possible pour les jeunes d'origine étrangère d'incorporer dans leur identité la notion qu'ils sont des étrangers indésirables qui ne méritent pas les droits les plus fondamentaux d'éducation, de soins médicaux ou de reconnaissance ?

Nous sommes tous fortement dépendants de l'image de nous-mêmes qui nous est reflétée par autrui.[8] Quand cette image est généralement positive, nous sommes capables de nous sentir méritants et compétents. Quand les images renvoyées sont toujours celles de paresse, d'irresponsabilité, de faible intelligence et de menace et, que ces images sont renvoyées par de multiples miroirs y compris la presse, la salle de classe et la rue, il est presque impossible de maintenir une image de soi sans tache.[9]

Comment les jeunes réagissent-ils à un miroir social négatif ? Un des cheminements possibles pour la jeunesse est de se résigner à ces images négatives, menant au manque d'espoir et à la dévalorisation de soi qui peuvent à leur tour se traduire par un manque d'ambition personnelle et des comportements auto-destructeurs. Dans ce cas de figure, il est probable que l'enfant réagisse par le doute de soi et la honte, accompagnés d'un manque d'ambition dans une sorte d'effet Pygmalion : « Ils ont sans doute raison. Je n'arriverai jamais à rien. » D'autres jeunes se mobiliseront peut-être pour confronter le stigma et les injustices auxquels ils sont confrontés. Sans espoir, la colère qui en résulte et le mécanisme compensatoire de glorification de soi peut mener à des comportements négatifs tels que : « Si vous pensez que je suis une mauvaise graine, laissez-moi vous montrer à quel point. »[10]

Les cheminements sociaux et éducatifs des jeunes sont plus prometteurs pour ceux d'entre eux qui parviennent à maintenir et intentionnellement cultiver un sentiment d'espoir pour l'avenir. Ceux qui sont capables de garder l'espoir sont, fondamentalement, partiellement immunisés contre la toxicité qu'ils peuvent rencontrer. Ces jeunes sont plus aptes à maintenir leur fierté et préserver leur confiance en eux, à utiliser leurs ressources pour s'en sortir et lutter contre le stigma par des « je vous montrerai que je peux réussir en dépit de ce que vous pensez de moi ».[11]

Sans espoir, la jeunesse d'origine étrangère. . . risque de développer une attitude de confrontation, fondant son identité sur le rejet des institutions de la culture dominante, après avoir été elle-même rejetée par ces mêmes institutions. Parmi les jeunes ayant une attitude de confrontation, parler la langue standard du pays d'accueil et réussir dans le cadre scolaire pourrait être perçu par leurs camarades comme une forme de trahison ethnique ; dans de telles circonstances, il se peut que ce soit problématique pour eux de développer le comportement et le répertoire d'attitudes nécessaires à la réussite scolaire.

Les enfants d'immigrés pour qui il n'a pas été possible de profiter de leur propre culture et qui ont fondé leurs identités sur le rejet, au moins partiel, d'éléments sociétaux du courant dominant risquent de se faire séduire par les gangs. Pour de tels jeunes, l'appartenance à un gang, en l'absence d'opportunités constructives, devient une part entière de leur identité. Les gangs apportent à leurs membres un sentiment d'appartenance, de solidarité, de protection, de soutien, de discipline et de chaleur humaine. De plus, les gangs permettent de canaliser la colère que beaucoup de membres ressentent envers la société qui les a violemment rejetés, eux et leurs parents. Bien que nombre de jeunes immigrés de la seconde génération se tournent vers les gangs pour un modèle de mode vestimentaire, de langage et d'attitude, la plupart restent à leur périphérie et la mystique des gangs perd de son intérêt lorsqu'ils ont résolu les problèmes d'identité de l'adolescence. D'autres... qui flirtent à la périphérie, et se font happer au cœur des gangs, sont présents dans le système pénal de manière disproportionnée. L'ethos du gang apporte un sentiment d'identité et de cohésion pour des jeunes marginaux pendant une phase turbulente de leur développent alors qu'ils font aussi face à la pauvreté urbaine, à un manque d'opportunités économiques, à un statut de minorité ethnique et à la discrimination, à un manque de formation et d'éducation, et à un effondrement des institutions scolaires et familiales.[12]

Alors que de nombreux jeunes qui s'expriment par la confrontation limitent leur délinquance aux confins de leur quartier, pour d'autres une démarche de confrontation peut les mener au nationalisme ou au radicalisme extrêmes. Il y a une proportion infime de jeunes immigrés de la deuxième génération, privés de droits, que la représentation erronée, les malentendus et la perception fautive de leur groupe ethnique, religieux ou de leur pays d'origine rendent furieux. Là encore, le miroir social joue un rôle critique dans cette position radicalisée. Kamel Daoudi, Algérien de naissance, élevé en France et arrêté sur des soupçons de complicité dans un complot d'al Qaïda visant à faire exploser l'ambassade américaine à Paris, a écrit : « ... Je me suis rendu compte de l'abominable traitement social réservé à tous ces « Moi » potentiels qui ont été conditionnés à devenir des sous-citoyens, tout juste bons à payer la retraite des vrais Français... Il ne me restait que deux choix, celui de m'enfoncer dans une dépression profonde, et c'est ce que j'ai fait pendant environ six mois. . . ou celui de réagir en prenant part à la lutte universelle contre le cynisme écrasant et injuste. »[13] Aujourd'hui, dans la plus grande partie du monde occidental, les musulmans sont les « Autres désignés » qui servent de cible à la haine réflexive. En conséquence, les représentations quotidiennes dans les médias d'information mettent en avant les actes de quelques uns avec des répercussions énormes pour le plus grand nombre. Ceci, à son tour. . . alimente, à distance, des positions nationalistes et extrémistes qui ont des implications horribles pour les jeunes eux-mêmes, leurs communautés et les sociétés qui les accueillent.

D'autres jeunes encore, peuvent, en réaction au stigma, tenter de renier leur culture d'origine en son entier. Ces jeunes fuient leur groupe ethnique, se sentant le plus à l'aise et désireux de passer le temps avec des camarades de la culture dominante plutôt qu'avec ceux qui s'y impliquent moins. Pour ces jeunes, s'identifier avec la culture dominante et réussir académiquement est non seulement une voie d'avancement individuel mais aussi une manière symbolique et psychologique de rompre avec le monde familial et celui du groupe ethnique d'origine. À une autre époque, ce style d'adaptation était qualifié de « passage ». Malgré des bénéfices pour les minorités ethniques et raciales qui « disparaissaient » dans la culture dominante, ce n'était pas sans coût (principalement en terme de honte cachée, de doutes, de haine envers soi-même et de perte de famille et de communauté). Si le « passage » était un style d'adaptation commun parmi ceux qui « ressemblaient » de par leur phénotype à la population dominante, ce n'est guère une option pour les immigrés de couleur d'aujourd'hui qui sont reconnus à vue d'œil comme « autres ». En outre, si fuir son groupe ethnique est une forme d'adaptation qui est utile pour « s'en sortir » selon les critères de la société dominante, ses coûts sociaux et émotionnels considérables constituent un poids trop lourd à porter.

Clairement, le cheminement le plus sain est une voie où la jeunesse transculturelle fusionne de façon créative les aspects de deux ou plusieurs cultures : la tradition parentale et la ou les nouvelles cultures. En ce faisant, ils synthétisent une identité qui ne leur demande pas de choisir entre les cultures mais qui incorpore des caractéristiques des deux cultures tout en fusionnant d'autres éléments.[14] Pour les Latinos, c'est ce qu'Ed Morales appelle « vivre en espanglais ». Il définit la racine de l'espanglais comme « un état d'être tout à fait universel. Il s'agit du déplacement d'un endroit, d'une maison, à un autre endroit, une autre maison, où l'on se sent chez soi dans les deux endroits tout en n'étant chez soi ni dans l'un, ni dans l'autre... Vivre en espanglais, c'est appartenir à deux identités au moins à la fois sans en être confus ni blessé. »[15] Tel est le défi de l'identité de jeunes d'origine étrangère : il leur faut, pendant la phase de leur développement, élaborer de nouvelles formes culturelles à partir de deux systèmes qui leur appartiennent et leur sont étrangers à la fois. Ces enfants sont doués de compétences biculturelles et bilingues qui deviennent partie intégrante de leur image d'eux-mêmes.

Pour de nombreux jeunes gens, le choix ne se fait pas entre leur propre culture d'origine, parentale, homogène, qui est conforme à celle de leur quartier et à la culture du pays, et le contexte culturel qui les reçoit (ce qui sous-entendrait une identité biculturelle). Il s'agit plutôt de choix influencés par une mère d'un pays, un père d'un autre, alors qu'ils résident dans un quartier cosmopolite et appartiennent à un établissement scolaire tout aussi diversifié, le tout se situant dans une grande ville. Dans un cas comme celui-ci et ses multitudes de variations qui se retrouvent de par le monde, le choix est bien plus celui d'une identité transculturelle. Pour citer Henry Louis Gates, Jr., « aujourd'hui, l'idée du tout entier a en grande partie été retirée de la circulation. Et la multiplicité culturelle n'est plus perçue comme le problème mais plutôt comme une solution ; une solution qui définit elle-même l'identité. La double conscience, définie de par le passé comme un trouble, constitue désormais un remède. En effet, la seule plainte que nous ayons en tant que modernes est que la comptabilité de Du Bois était trop économe. Il avait fait apparaître "deux âmes, deux pensées et deux appétits distincts". Deux seulement, docteur Du Bois ? Continuez de compter. »[16]

Les identités transculturelles sont les plus adaptatives en cette ère de mondialisation et de multiculturalisme. En acquérant des compétences qui leur permettent d'opérer dans plus d'un environnement culturel, les jeunes immigrés sont en position avantageuse. La clé d'une adaptation réussie est l'acquisition de compétences qui soient utiles à l'économie mondiale tout en maintenant les relations familiales, les réseaux sociaux et les relations nécessaires au bien-être. Ceux qui sont à l'aise dans de multiples contextes sociaux et culturels auront le plus de succès et seront capables d'atteindre des niveaux de maturité et de fonctionnement plus élevés.

Identité mondialisée dans la société d'accueil
La mondialisation contribue considérablement à un monde de plus en plus multiculturel. Il y a de quoi se réjouir de cette évolution tout en reconnaissant que cette diversification n'est pas sans présenter de réels défis tant pour les individus entrant dans de nouveaux environnements que pour ceux vivant déjà dans des environnements d'accueil. Le danger le plus grand de la diversification est la montée de l'intolérance et de la violence que cela peut engendrer. En même temps, on doit reconnaître que cette diversité offre une chance formidable aux individus et aux sociétés d'identifier les points communs et unificateurs de l'expérience humaine.

L'identité mondiale existe-t-elle ? Ces dernières décennies, la culture jeune des États-Unis a progressivement dominé la scène culturelle des adolescents qui vivent en milieu urbain en Europe, en Amérique Latine et en Asie.[17] Cette tendance semble être grandement nourrie par les médias internationaux, y compris les films, la télévision, les clips et enregistrements musicaux, les marchés mondiaux et Internet. Le psychologue du développement, Jeffrey Jensen Arnett, avance que la mondialisation a des implications claires pour le développement de l'identité des jeunes. Il soutient que de plus en plus, la majorité des jeunes de par le monde développe des identités « biculturelles » qui incluent des éléments de leur culture locale ainsi qu'une conscience de leur relation à la culture mondiale des jeunes, ce qui présente de nouveaux défis à la formation et au développement de l'identité.[18]

Les défis culturels posés par le développement de l'identité à l'ère de la mondialisation touchent différemment les immigrés et les autochtones.[19] Pour les enfants d'immigrés, il s'agit de tisser, en une perception flexible de soi, des éléments de la culture parentale, de la nouvelle culture qu'ils explorent ainsi que d'une culture mondiale émergente des jeunes, le tout simultanément. Pour les jeunes de la société d'accueil, le défi est d'élargir l'horizon culturel pour y inclure des perspectives et habitudes changeantes et le potentiel des nouveaux arrivants d'origines diverses.

Nombreux sont ceux qui luttent pour gérer les contradictions et les ambiguïtés des multiples menus culturels.[20] D'un côté, les obstacles peuvent être particulièrement difficiles à surmonter quand il existe une « distance culturelle » importante entre le pays d'origine et le pays d'accueil.[21] Pour de nombreux enfants d'immigrés, l'affaiblissement des liens avec une des cultures « peut produire un fort sentiment d'aliénation et la perception d'être éphémère alors qu'ils grandissent avec un manque d'identité culturelle, un manque de directives claires en ce qui concerne le savoir vivre et l'interprétation de l'expérience ».[22] D'un autre côté, canaliser l'optimisme naturel de la jeunesse tout en l'accompagnant d'interprètes culturels appropriés, d'ouvertures éducatives et d'un accueil relativement chaleureux dans la nouvelle culture, permet aux jeunes de se transformer rapidement en des membres productifs de leur société.

Il y a clairement des bénéfices à développer un sentiment d'appartenance à une culture mondiale.

> « Comme la culture mondiale établit des liens au-delà de limites culturelles et nationales, dans un but d'union des peuples, les valeurs de la culture mondiale mettent nécessairement l'accent sur la tolérance et même sur l'acceptation à bras ouverts des différences. Cela veut dire que les valeurs de la culture mondiale sont en partie définies par ce qu'elles ne sont pas. Elles ne sont pas dogmatiques : elles ne visent pas à l'exclusion, elles ne visent pas à supprimer des gens ou des groupes qui professent un point de vue ou pratiquent un mode de vie différents de ceux de la majorité. »[23]

En tant qu'éducateurs, nous avons la responsabilité de mettre la tolérance des différences culturelles (et même leur acceptation à bras ouverts) en plein cœur de nos priorités éducatives. Une telle « fin » pourrait servir à bâtir le noyau constructif d'un narratif éducatif qui « envisage un futur... construit des idéaux... propose des règles de conduite, apporte une source d'autorité, et par-dessus tout confère un sentiment de continuité de la mission éducative ».[24] On se doit d'encourager la tolérance non seulement en ceux qui résident déjà dans le contexte d'accueil mais aussi parmi les très divers nouveaux venus qui partagent le nouvel environnement social. Pour préparer notre jeunesse à être citoyenne du monde, il est essentiel de lui apprendre à trouver son chemin dans ce monde multiculturel qui est le nôtre. Au fur et à mesure que notre monde devient de plus en plus interdépendant, le besoin de davantage de tolérance et de solidarité apparaît plus évident que jamais auparavant.

---

[1] Kwame Anthony Appiah, *Cosmopolitanism: Ethics in a World of Strangers* (New York: W. W. Norton Co., 2006); J. J. Arnett, « The psychology of globalization », *American Psychologist*, vol. 57 #10 (2002): 774–783.

[2] Carola Suárez-Orozco and Marcelo Suárez-Orozco, *Children of Immigration* (Cambridge: Harvard University Press, 2001).

[3] Idem

[4] Carola Suárez-Orozco, « Formulating Identity in a Globalized World », tel que cité dans *Globalization: Culture and Education in the New Millennium*, éd. Marcelo Suárez-Orozco and Desiree Baolin Qin-Hillard (Berkeley: University of California Press, 2004), 173–202; Carola Suárez-Orozco and Marcelo Suárez-Orozco, *Children of Immigration* ; Carola Suárez-Orozco, Marcelo Suárez-Orozco, and Irina Todorova, *Learning a New Land: Immigrant Students in American Society* (Cambridge: Belknap Press of Harvard University Press, 2008).

[5] Beverly Daniel Tatum,*« Why Are All the Black Kids Sitting Together in the Cafeteria? » And Other Conversations About Race* (New York, Basic Books, 1997).

[6] Carola Suárez-Orozco, « Identities Under Siege: Immigration Stress and Social Mirroring Among the Children of Immigrants », tel que cité dans *Cultures Under Siege: Social Violence and Trauma*, éd. Marcelo Suárez-Orozco (Cambridge: Cambridge University Press, 2000): 194–226.

[7] Charles Taylor, *Multiculturalism: Examining the Politics of Recognition* (Princeton: Princeton University Press, 1994).

[8] D. W. Winnicott, *Playing and Reality* (Middlesex: Penguin, 1971) ; Carola Suárez-Orozco, « Identities Under Siege: Immigration Stress and Social Mirroring Among the Children of Immigrants ».

[9] Carola Suárez-Orozco, « Identities Under Siege: Immigration Stress and Social Mirroring Among the Children of Immigrants ».

[10] Idem

[11] Carola Suárez-Orozco and Marcelo Suárez-Orozco, *Children of Immigration*.

[12] James Diego Vigil, *Barrio Gangs: Street Life and Identity in Southern California* (Austin: University of Texas Press, 1988).

[13] Elaine Sciolino, « Portrait of the Arab as a Young Radical », *New York Times*, 22 septembre 2002.

[14] C. J. Falicov, « The Family Migration Experience: Loss and Resilience », tel que cité dans *Latinos: Remaking America*, éd. Mariela Paez (Berkeley: University of California Press, 2002).

[15] Ed Morales, *Living in Spanglish: The Search for Latino Identity in America* (New York: St. Martin's Press, 2002): 6-7.

[16] Henry Louis Gates, Jr., « Both Sides Now », *New York Times Book Review*, 4 mai 2003, 31.

[17] Carola Suárez-Orozco and Marcelo Suárez-Orozco, *Children of Immigration*.

[18] J. J. Arnett, « The psychology of globalization ».

[19] J. J. Arnett, « The psychology of globalization » ; A. Bame Nsamenang, « Adolescence in Sub-Saharan Africa: An Image Constructed from Africa's Triple Inheritance » tel que cité dans *The World's Youth: Adolescence in Eight Regions of the Globe*, ed. T. S. Saraswathi (New York: Cambridge University Press, 2002), 61-104 ; Carola Suárez-Orozco, « Formulating Identity in a Globalized World ».

[20] Nsamenang, « Adolescence in Sub-Saharan Africa: An Image Constructed from Africa's Triple Inheritance ».

[21] James W. Berry, « Immigration, Acculturation, & Adaptation », *International Journal of Applied Psychology*, vol. 46 (janvier 1997), 5-34.

[22] J. J. Arnett, « The psychology of globalization », 778.

[23] Ibid., 779.

[24] Neil Postman, *The End of Education: Redefining the Value of School* (New York: Knopf, 1995).

Glossaire

antisémitisme : Une certaine perception des juifs, qui peut être exprimée comme de la haine vis-à-vis des juifs. Dans les affirmations antisémites, il est fréquent que les juifs soient accusés de conspiration contre l'humanité. Ce type d'accusation est souvent utilisé pour rendre responsables les juifs de tout ce qui ne va pas. L'antisémitisme peut être exprimé par des discours, des textes, sous forme visuelle et par des actions, et fait appel à des stéréotypes sinistres et à des traits de caractère négatifs.

assimilation : Un processus par lequel les immigrants acceptent la culture nationale du pays d'accueil et abandonnent leur ancienne identité nationale.

boycott du bus de Montgomery : Mené en 1956 par Martin Luther King, Jr., ce boycott d'un an des transports publics de Montgomery dans l'Alabama, fut l'objet d'une attention nationale pour le mouvement pour la défense des droits civiques. Ce boycott venait en protestation à la ségrégation dans les systèmes de transports en commun aux États-Unis.

cohésion sociale : Un sentiment partagé d'appartenance et d'objectifs communs entre les membres d'origines différentes d'un groupe.

diaspora : Terme d'origine grec signifiant « dispersion », la *diaspora* se rapporte à la communauté de personnes qui a migré de sa patrie. Par exemple, les juifs qui vivent en dehors d'Israël sont souvent appelés la « diaspora juive ».

hidjab : Du mot arabe signifiant « rideau », il s'agit d'un voile porté par de nombreuses femmes musulmanes dans l'observance de leur foi. L'hidjab est un moyen de préserver sa modestie et d'afficher son affiliation culturelle et sa dévotion religieuse. Le terme *hidjab* est un des noms utilisés pour désigner des foulards similaires qui couvrent la tête et le cou et souvent les cheveux et le front.

identité transculturelle/transnationale : Le terme « transculturel » se réfère à la manière dont les individus agissent en tant que membres de différentes communautés culturelles ou nationales. « L'identité transculturelle » est une source d'identité individuelle qui va au-delà des frontières nationales et des origines culturelles, religieuses, linguistiques et ethniques.

interconfessionnel : Un terme qui décrit des actions, événements, ou organismes regroupant des personnes de foi et d'affiliation religieuses différentes.

islamiste : Souvent décrits comme des fondamentalistes, les islamistes prêchent que l'Islam est non seulement une religion, mais aussi un système politique et social qui gouverne la plupart des aspects de la vie. La majorité des islamistes tentent de remplacer pacifiquement la gouvernance laïque mais une petite minorité d'entre eux ont recours à des mesures extrêmes, en particulier à la violence voire même au terrorisme.

mezouzah : Une petite boîte décorative contenant un texte scriptural sur parchemin, que l'on trouve sur les montants de porte des maisons juives traditionnelles ; la mezouzah sert à rappeler aux juifs leur engagement religieux.

mondialisation : Le flux croissant des personnes, idées, marchandises, langues, et traditions dans le monde entier. Les moyens de transport modernes, la migration, le commerce électronique, les multinationales et accords commerciaux, ainsi que l'utilisation d'Internet et des téléphones portables, accélèrent ce processus et contribuent à l'élaboration d'une « culture mondiale » qui pour certains menace la diversité des cultures humaines.

nationalisme : Une idéologie politique qui fait une large place à la culture ou aux intérêts nationaux au dessus de ceux des minorités et autres groupes sous-nationaux.

nativiste : Personne qui croit que les intérêts des citoyens nés dans le pays devraient avoir le dessus sur ceux des immigrants.

occidentalisation : Le processus d'adopter ou d'imposer des coutumes provenant d'Amérique du Nord ou de pays européens occidentaux.

radicalisme : Une orientation politique qui favorise les changements extrêmes de la société, en ayant parfois recours à la violence.

Révolution française (1789-1799) : Au cours de ce soulèvement politique et social, le Tiers-Etat (contenant 96 % de la population c'est-à-dire le peuple et la bourgeoisie) a renversé la monarchie absolue et l'a remplacée d'abord par une monarchie constitutionnelle basée sur les principes de souveraineté populaire, puis par une république, à la suite du procès et de l'exécution du roi Louis XVI. Le gouvernement révolutionnaire de la France a revendiqué les biens et propriétés qui appartenaient à la noblesse et à l'Eglise, en les nationalisant (les biens nationaux) puis en en revendant la plus grande part, ce qui a contribué à une redistribution de la terre aux mains de la bourgeoisie et de la paysannerie. Sous le slogan « liberté, égalité, fraternité », la révolution française est devenue source d'inspiration pour les révolutions qui ont suivi à travers le monde.

shari'a : Un terme islamique, qui signifie littéralement « le chemin au point d'eau » et implique l'expression de l'ordre d'Allah à la société musulmane. Généralement perçu comme un code légal basé sur le Coran, le terme aujourd'hui se réfère aux lois religieuses et à la déontologie inspirée par la religion.

sociétés parallèles : Une communauté dont les membres d'origines différentes n'ont pas un sentiment partagé d'identité de groupe et en conséquence, vivent séparément, côte-à-côte.

soufi : Personne qui pratique le soufisme, une tradition islamique mystique. Les soufis croient qu'en abandonnant toute notion d'identité et d'individualité, on peut atteindre l'unité divine.

Volk : Le terme allemand *Volk* (prononcé « folk ») signifie littéralement « peuple ». Volk implique que la citoyenneté dans la communauté nationale est inséparable de la parenté par le sang. Ce terme englobe la langue, les coutumes, l'histoire et la mythologie partagées par tout le peuple allemand. Dans les années 1930 et 1940, le terme servait de justification à la persécution des juifs, qui étaient considérés comme une menace à la pureté de la nation allemande. Certains ont proposé le terme *Bevölkerung*, qui signifie « population », pour dénoter la diversité des citoyens allemands.

xénophobie : Peur et haine des étrangers ou immigrants. Il provient des termes grecs *xenos*, qui signifient « étranger » ou « inconnu », et de *phobos*, qui signifie « peur ».